新中国
首批女飞行员

苗晓红◎著

人民日报出版社
北京

图书在版编目（CIP）数据

新中国首批女飞行员 / 苗晓红著 . -- 北京：人民日报出版社, 2021.1
ISBN 978-7-5115-6572-3

Ⅰ.①新… Ⅱ.①苗… Ⅲ.①纪实文学—中国—当代 Ⅳ.① I25

中国版本图书馆 CIP 数据核字 (2020) 第 184877 号

书　　名：	新中国首批女飞行员 XINZHONGGUO SHOUPI NVFEIXINGYUAN
作　　者：	苗晓红
出 版 人：	刘华新
责任编辑：	周海燕
封面设计：	墨航工作室
出版发行：	人民日报出版社
社　　址：	北京金台西路 2 号
邮政编码：	100733
发行热线：	（010）65369527　65369509　65369512　65369846
邮购热线：	（010）65369530　65363527
编辑热线：	（010）65369518
网　　址：	www.peopledailypress.com
经　　销：	新华书店
印　　刷：	大厂回族自治县彩虹印刷有限公司
法律顾问：	北京科宇律师事务所　010-83622312
开　　本：	710mm×1000mm　1/16
字　　数：	270 千字
印　　张：	18.25
版次印次：	2021 年 8 月第 1 版　2021 年 8 月第 1 次印刷
书　　号：	ISBN 978-7-5115-6572-3
定　　价：	58.00 元

新中国首批女飞行员

诞生70周年

序

何孝明

1957年航校毕业后，我被分到北京西郊机场工作，从那时起，我就与新中国第一批女飞行员老大姐生活战斗在一起，与她们结下了深厚的战友情谊。她们中有我的偶像、恩姐、媒人和球友，有的至今还保持着联系。她们在空地之间演绎出的传奇故事，我是见证者。我与作者的关系更是特殊，是60多年的挚友。她创作《共和国首批女飞行员》时，我不仅是策划者，还是参与者，曾替她到祖国各地采访了健在的老大姐和过世大姐的老伴或子女，仅在广州秦桂芳大姐家就住了5天。《共和国首批女飞行员》出版上市后，我与作者一样，见证了其热销，享受了"丰收"的喜悦。以上的经历，是我受命为新版《新中国首批女飞行员》写序的底气。

《新中国首批女飞行员》是《共和国首批女飞行员》一书的再版，出版社为何再版，自然是市场有需求，市场的需求证明《共和国首批女飞行员》是一本受读者喜爱的图书。

2011年《共和国首批女飞行员》出版之后，很快引起媒体的关注和好评。《北京青年报》等20多家报纸连载或转载，《人民日报》和一些知名网站发表了评论。北京电视台、河北卫视、重庆卫视等制作专集介绍了该书。

更可喜的是，这种专注度经久不衰。时间风云不但没有将其冲散冲淡，相反它如美酒一般，愈来愈香醇。2019年中央电视台4频道《国家记忆》栏目播出的5集《新中国首批女飞行员》电视片，大量使用了《共和国首批女飞行员》一书的内容。2020年4月中央电视台10频道《读书》栏目用4集介绍了《共和国首批女飞行员》一书，制片人李潘亲自出镜诵读。

作者并非名人大腕，只是一位名不见经传的普通退休老兵，她创作的《共和国首批女飞行员》之所以受媒体关注，受读者喜爱，是因为该书有鲜明的特点，即真实性、质朴性和史料性。

作者一贯认为，真实是纪实文学的生命，作品失实即失值。在《共和国首批女飞行员》的创作中，她始终坚持"真实、真实、再真实"原则。生活是创作的源泉，作者之所以能撰写出非常真实的作品，是因为她有深厚的生活底蕴。

首先，作品的真实性来源于她的特殊际遇。她从1956年开始，便和第一批女飞行员老大姐相识，她第一次乘机体验飞行，乘坐的就是两位大姐驾驶的里-2型飞机。60多年来她从未间断与大姐们的联系。她是我国唯一一位与新中国首批14名大姐都有过交往的女飞行员。朝夕相处，耳濡目染，潜移默化，在她脑海里积淀了许许多多大姐们的真实故事，积累了非常丰厚的图文素材，那都是极其珍贵的一手资料。这是她能写出真实作品的生活基础。

其次，作品的真实性来源于她的特殊职业。她是女飞行员，女飞行员写女飞行员，能确保作品细节不失真，不会说外行话。作品的成败与其他事物一样，也决定于细节，细节的真实性确保了整个作品的真实性。女飞行员写女飞行员除细节之外，还有一大优势，她不仅能真实地描写事物的外在表象，还能真实描写书中人物的内心世界，因为女人最了解女人，她们有共同语言，她们的心是相通的。

再次，作品的真实性来源于她的特殊采访方式。作者并不满足上述特有的创作优势，她与其他作者一样，对大姐们也进行了大量深入的采访。但她的采访方式与他人不同。由于她写作前就掌握了大姐们的大量素材，因而她是写好初稿后再采访，主要是请大姐们对初稿内容进行把关、核对、补充、纠错，使稿件更全面、更充实、更准确。这是确保作品不失真不出错的关键一环。

《共和国首批女飞行员》一书深受媒体、读者喜爱的另一个原因，就是文字语言的朴素性。通篇没有"妙笔生花"的描写，始终坚持"朴素、朴素、再朴素"的创作原则。这一点对作者而言不难，因为朴素是她的本色。她生活非常简朴，简朴到令儿女"反感"的程度，至今她还穿带补丁的衣服。文如其人，写作时遣词造句她也是惜字如金，朴实无华。再者她是山东人，性格直率质朴，这种性格也决定了她的文风。她的作品中没有不着边际的弯弯绕，行文明快，言简意赅。另外飞行员这一特殊职业，养成了她用语精炼、精准、快捷的习惯。因为飞行时，空地联络，没有时间啰嗦，更不允许有模棱两可、似是而非的语言。特别是遇到险情时，指挥员多说一句废话或错话，就可能造成空难。作者是四种气象条件的机长、教员和指挥员，30多年的飞行、教学和指挥实践锤炼出了她说话"少而精"的习惯。这种良好的用语习惯，自然也体现在她的作品之中。

《航空知识》杂志高级编辑吴佩新，曾评价过作者的文字："那是我喜欢的文字，真实，质朴，不做作，有一说一。"他的评价，非常贴切。

《共和国首批女飞行员》最有价值的特点是它的史料性。自1951年新中国首批女飞行员诞生以来，已有70年的历史，在这漫长的岁月里，出过一些反映她们战斗生活的文学作品，其中新华社驻空军记者蔡善武写得最多，他出过一本《蓝天女英豪》，书中收录了10多篇写首批女飞行员的文章。军旅作家肖邦振也出版过一本《飞上天的花》，书中写了6位首批女飞行员的事迹。另外陆续还有些写首批女飞行员的作品问世。但他们写的都是零散的片段，没有一本完整描写14名首批女飞行员人生的图书。特别是她们的爱情、婚姻、家庭从无人提及。《共和国首批女飞行员》一书，则全面地、系统地、详尽地、全方位地描写了新中国首批14名女飞行员的精彩人生，讲述了她们在天地之间演绎出的传奇故事，包括从未披露的、时尚浪漫的爱情故事，填补了我国无专门全面写首批"女飞"图书的空白，因而具有较强的史料价值。这也是作者的一大贡献，如果她不写，14位大姐的形象、名字，连同她们事迹、精神，很可能"如烟"飘散。

我与作者相识60多年，对她可以说是知根知底。中国自1915年有女飞行员以来，已有100多年的历史，在作者之前，著书立说的女飞行员只有林鹏侠一人，她出版过《西北行》《新疆行》两本著作，但作品内容不是写女飞行员的。中国女飞行员写女飞行员，作者是第一人。她已出版4部著作，首部作品为《我是蓝天的女儿》，由蓝天出版社出版。《共和国首批女飞行员》是她的第二部著作。她之所以写这本书，是因为她最了解新中国首批女飞行员大姐的非凡人生，可是她们的很多光芒还被历史烟云掩盖着，作为见证人、受益者，她觉得自己有责任留住这段辉煌的历史，让它作为宝贵的精神财富传承下去。她常说，经过努力能做到的、对社会有益的事，如果不去做，对一个共产党员来说，就是失责。在这种思想支配下，2019年82岁的她又驾机重返蓝天，此举既不为创纪录，更不是出风头，而是为了激励后人，为年轻人树立勇于挑战自我的榜样。榜样的力量是无穷的，已有女飞行员、女演员等以她为榜样，挑战自我成功，并通过各种渠道向她表示感谢。

在中国共产党成立100周年之际，人民日报出版社再版《共和国首批女飞行员》一书，并更名为《新中国首批女飞行员》，是非常适宜的。这既是对作者的褒奖，也为读者提供了一本励志图书，对新中国首批女飞行员及其家人来说，也是一种慰抚，更是献给中国共产党百年华诞的一份厚礼！我代表新中国首批女飞行员老大姐们、作者及广大读者向出版社的领导们和编辑们表示衷心感谢，并致以一个老兵的敬礼！

热烈祝贺《新中国首批女飞行员》出版！

2021年6月于北京

何孝明,男,1936年9月出生于湖南省桃源县。1956年2月入伍,1960年入党。1957-1981年在北京空军专机部队工作。历任无线电师、干事、宣传科长、场站政委等职。1981-2002年于空军指挥学院任教,曾任该院政治理论教研室主任,技术四级教授。

发表文学作品200多篇。创作出版长篇小说《女飞行员》《女飞行员之恋》《女人的天空》,纪实文学《一代天骄》。编写过部队史《暴风雨中见成长》和《生命线在这里延伸》。

☆序作者(左)与作者苗晓红

目 录 CONTENTS

序

前言

人物简介

一、开飞篇

司令员下达五年禁爱令 / 002

同一教室走出来的蓝天两姐妹 / 004

"日本鬼子"当教官 / 010

美人儿吐成了泪人儿 / 017

起飞线上的激烈竞争 / 023

二、受阅篇

首次载客飞行的真相 / 032

"三八"起飞典礼的盛况 / 035

中南海里的经典对话 / 043

一幅宣传画引出的奇缘 / 046

三、专机篇

笨鸟变成了金凤凰 / 054

书写传奇的第一女机长 / 060

带枪飞行的上海姑娘 / 070

飞越生死线的黄毛丫头 / 079

为国捐躯的"大旗" / 085

四、救援篇

产后首飞依然神勇 / 092

为了数百名阶级兄弟 / 098

含泪视察"两江"灾情 / 106

不见亲人不揿空投铃 / 111

五、训练篇

令爷们"臣服"的女教官 / 119

新中国第一个飞特技的女性 / 127

怀孕七个月还在飞的闯将 / 137

敢说"不"的大嘴辣妹 / 147

平凡的奶奶飞行员 / 154

六、归宿篇

夜宿坟丘的"女飞" / 168

老大姐嫁了个小女婿 / 177

新婚三日新娘新郎同机飞 / 188

饱受磨难无怨无悔 / 199

吵架吵来的好姻缘 / 208

夫唱妇随的蓝天情侣 / 216

风雨同飞的比翼鸟 / 224

同一屋檐下的"两地书" / 235

七、结束篇

附录一 / 261

附录二 / 262

后记 / 265

前　言

1951年春天，党中央、中央军委决定培养新中国第一批女航空员（现统称为飞行员）。新中国女飞行员队伍自诞生以来，便在党中央的亲切关怀下，在空军党委的直接领导下，从无到有，从小到大，茁壮成长。至今，新中国共培养出了十一批女飞行员，是世界上拥有女飞行员人数较多的国家之一。

新中国第一批女飞行员，没有辜负党的期望和人民的重托，她们抱着为祖国争光，为党争光，为中华民族争光，为中国妇女争光的坚强信念，闯过无数道难关，飞上了蓝天。她们牢记毛泽东主席"要训练成人民的飞行员，不要训练成表演员"的教导，在茫茫云海中辛勤耕耘，播洒热血与汗水，奉献青春与爱情，甚至宝贵的生命；她们在万里空疆，创造了许多中国第一与世界之最，留下了无数道闪光的航迹，为社会主义建设和国防建设做出了不可磨灭的贡献，为中国妇女开辟了一条通天大道。实践证明，外国人能干的事，翻身当家做了主人的中国人也能干，而且干得更好；男人能办的事，解放后的中国妇女也能办，而且办得很精彩。新中国的开天女是中国妇女的榜样，是中华民族的骄傲！蓝天不会忘记她们，党和人民不会忘记她们，她们所创立的"不畏艰险、不怕牺牲、顽强拼搏、勇于奉献"

的女飞精神,连同她们的名字将永载史册!

我是新中国第二批女飞行员,自进入女飞行员队伍的那一天开始,就得到了第一批女飞行员老大姐无微不至的关怀、帮助与教诲。她们是我们第二批女飞行员的好领导、好老师、好大姐、好朋友。她们教育我们热爱蓝天与白云,激励我们战胜艰难与险阻,告诫我们淡泊名利与权势,帮助我们寻求爱情与幸福。在半个多世纪的相处中,我们结下了深厚的战斗友情。70年过去了,当年叱咤风云的巾帼英雄,带领我们展翅蓝天的老大姐们,今天你们在哪里?是否风采依旧?我们永远怀念你们,感激你们!

70年来,不少媒体报道过第一批女飞行员的英雄事迹,在社会上产生了一定的影响。但由于受时代和各种条件的限制,我感到在以往的宣传中,并没有反映出她们的全貌。特别是她们的婚恋生活,一些大姐与坎坷命运抗争的感人故事,至今鲜为人知。同时,在过去的报道中存在一些失实之处,有必要澄清,还历史以本来面貌。因此,在中国共产党成立100周年、新中国女飞行员诞生70周年之际,我作为历史的见证人,有责任用自己的亲身感受和所见所闻,力争全面真实地书写她们的多彩人生,讴歌她们的丰功伟绩,弘扬她们的高尚品质,展现她们的靓丽风采,将她们的英雄事迹与革命精神作为最宝贵的社会财富保存下来,传承下去,并作为对两个节日的献礼!

由于笔者是飞行员,经常接触的是第一批女飞行员,对女领航员、女通信员和女机械员的事迹了解甚少,因此本书的内容只涉及第一批女飞行员,特请其他专业的老大姐们见谅。为确保本书内容的真实性,我对健在的几位大姐和过世大姐的部分亲属进行了再次采访,还特请秦桂芳、伍竹迪、武秀梅这三位老大姐为顾问,请她们把关。写作过程中陈学建同志给予了不少指导，同时得到黄碧云、阮荷珍、戚木木、邱以群老大姐与柯庭煜、龙有光老大哥以及施丽霞之子贾波等人的大力支持。尤其要感谢老伴何孝明，他从1957年开始就与第一批老大姐一起工作，对她们甚为了解，给我提供了不少有价值的资料。写作前夕，他又协助我做了大量采访工作，没有他的鼎力相助，本书很难面世。再版时他又为新书作序，在此一并致谢！笔直水平有限，又因有几位大姐辞世，资料积累不够详尽周全，加上时间跨度过大，有些事情难以记清，难免存在错漏，敬请读者指正。

人物简介

1951年1月至3月,空军先后从华东军政大学、中南预科总队和华北预科总队,挑选了55名女战士到东北牡丹江空军第七航校学习飞行、领航、通信和机械专业。其中14人学飞行,她们是:万婉玲、王坚、邱以群、伍竹迪、阮荷珍、何月娟、陈志英、武秀梅、周真明、周映芝、施丽霞、秦桂芳、戚木木、黄碧云。

万婉玲,湖南衡阳县人,汉族。1931年4月出生,1951年1月入伍,1956年7月入党,高中学历。

万婉玲在中学期间,接受革命思想,要求进步。湖南长沙和平解放不久,她便报名参军,进入汉口中南预科总队集训。她历任机长和飞行团训练参谋,飞行时间近2000小时。

万婉玲于1963年7月停飞,1975年转业到长沙湖南化工机械厂,1982年退休,2006年病逝。

王坚,广东新会县人,汉族。1933年8月出生,1950年12月入伍,同年加入新民主主义青年团,1961年加入中国共产党,高中学历。

王坚的3个姐姐均为党领导下的珠江纵队与粤中纵队成员,在姐姐的影响下,她追求进步,积极参加革命工作。广州刚解放,她便到基层开展宣传活动。朝鲜战争爆发后,她毅然报名参军。她曾任机长,飞行中队长。

王坚于1967年8月停飞,1978年转业,转业后担负过跳伞训练等工作,曾任广东航空联谊会副会长。1998年12月病逝。

邱以群,浙江杭州市人,汉族。1932年1月出生,1949年7月入伍,1960年加入中国共产党。

邱以群1946年初中毕业后,便积极参加革命活动,上街游行,贴标语,迎接解放军进城。杭州解放第二天,她便报名参军,曾任飞行中队长、训练参谋,飞行3000多小时。

邱以群于1971年1月停飞,1978年转业到广东省体育部门工作,任航空科科长。1985年离休,离休后在广州市过着幸福安逸的晚年生活。

伍竹迪，广州市人，汉族。1933年4月出生，1949年8月加入广州市地下学联，后转为新民主主义青年团，1951年1月入伍，1956年加入中国共产党，高中学历。

伍竹迪上中学期间，就在校地下党组织的领导下，积极参加广州解放前后的宣传活动，抗美援朝战争爆发后报名参军。历任飞行中队长、飞行副大队长、四种气象条件的机长、教员和指挥员。飞行4000小时。

伍竹迪1967年10月停飞，停飞后调空军十六航校工作，任教材科副科长、飞行指挥理论教员。她于1983年12月离休，至今与老伴在天津市过着丰富多彩的晚年生活。

阮荷珍，上海市人，汉族。1932年8月出生，1949年9月入伍，1950年加入新民主主义青年团，1978年加入中国共产党，高中学历。

阮荷珍在上海民立女子中学上学时，响应党的号召，报名参军。

阮荷珍于1959年10月停飞，飞行1300余小时。1960年6月转业，1987年离休，在湖北襄阳市与老伴安度晚年。

何月娟，浙江诸暨县人，汉族。1930年2月出生，1949年7月入伍，1959年3月加入中国共产党，初中学历。

何月娟上中学时，积极要求进步，立志做一个革命青年，新中国成立前夕她便投笔从戎，报名参军。历任机长、学员大队副政委、参谋、团副参谋长等职。

何月娟于1976年11月停飞，1978年底离休，在成都安度晚年。

陈志英，上海市人，汉族。1929年1月出生，1949年8月入伍，1952年3月加入中国共产党，初中学历。

陈志英出生于上海市宝山区一个工人家庭，父母早逝，大哥是地下党员，受其影响，追求进步，上海解放不久，就报考了华东军政大学。先后任飞行中队长、飞行副大队长、团副参谋长等职。飞行3000多小时。

1968年7月25日，她在执行专机任务途中不幸罹难，被总政授予革命烈士称号。她是新中国第一个为航空事业献身的女飞行员。

武秀梅，河南开封市人，汉族。1931年11月出生，1951年1月入伍，1950年加入新民主主义青年团，1964年加入中国共产党，高中学历。

为响应党中央抗美援朝的号召，还在读高中二年级的武秀梅瞒着父母报名参加了解放军。她历任飞行副中队长、团副参谋长、副团长、飞行学院副参谋长等职。荣立二等功一次，她共飞行33年，近4000小时。

武秀梅于1984年3月停飞，1989年5月退休，在北京与老伴安度幸福的晚年。

周真明，湖南宁乡县人，汉族。1931年2月出生，1950年12月入伍，高中毕业。

周真明出生于书香家庭，父亲曾留学法国，思想开明，是铁路工程师，母亲是小学教员，受父母影响，她自幼向往自由民主的生活。她先后在长沙、重庆、衡阳的多所学校上学。高中毕业后参加了迎接长沙和平解放的宣传工作。经衡阳铁路团工委选送，穿上了军装。

周真明于1957年11月停飞，飞行近2000小时。1958年转业到中国科技大学，后调入中国科学院。1984年2月因病逝世。

周映芝，湖南湘潭县人，汉族。1931年12月出生，1949年加入新民主主义青年团，1951年1月入伍，1982年加入中国共产党，高中毕业。

周映芝早在上中学时便接受了革命思想，参加了长沙市学生联合会，是含光女子中学的学生会主席，积极组织同学罢课和示威游行。1950年抗美援朝战争爆发后，她放弃燕京大学和西北文工团的录取通知，毅然报名参军。

周映芝于1954年5月停飞，同年8月转业。1988年9月退休，退休后被返聘，1998年7月正式休息，2009年10月病逝。

施丽霞，上海市崇明县人，汉族。1928年10月出生，1949年8月入伍，1957年7月加入中国共产党，初中学历。

施丽霞从小向往革命，立志当一名解放军战士，1949年8月新中国成立前夕，便报名参军。历任机长、调度长、理论教员等职。飞行近2000小时。

施丽霞于1965年2月停飞，1982年离休，2006年12月病逝。

秦桂芳，广东广州市人，汉族。1933年5月出生，1949年参加革命工作，1951年1月入伍，1959年加入中国共产党，高中学历。

1947年，秦桂芳在表姨（当时的中共地下党员）的引导下，在香港参加了工会活动，1949年参加了共产党领导下的团组织，1951年1月报名参军。历任飞行中队长、飞行副大队长等职。飞行时间4000多小时。

秦桂芳于1967年8月停飞，1986年年底离休。离休后定居广州，任广东省航空联谊会常任理事、副会长。现与老伴一起，在军休所过着老有所乐、老有所为的幸福生活。

戚木木，浙江杭州市人，祖籍浙江浦江，汉族。1932年12月出生，1949年7月入伍，1950年加入新民主主义青年团，初中学历。

戚木木出生于书香门第，父亲毕业于北京师范大学，母亲于燕京大学肄业。全国解放前夕报考了华东军政大学。

戚木木于1955年4月停飞，1955年12月转业。到地方后，当过拖拉机手、航空模型俱乐部教练、普通工人、科室干部。1988年离休，现在北京一干休所与老伴一起颐养天年。

黄碧云,陕西省榆林县人,汉族。1930年1月出生,1949年7月从上海入伍,1956年5月入党,初中学历。

黄碧云出生于晋商家庭,全国解放前夕,报考了华东军政大学。她历任机长、团训练参谋等职,飞行2000多小时。

黄碧云于1963年7月停飞,1975年5月复员回上海当工人,1979年提前退休,1982年改为离休。如今在澳大利亚安度晚年。

一、开飞篇

1951年1月初,一辆老式的火车,迎着凛冽的寒风从南京出发,向着首都北京疾驶。车厢里坐着一群穿着"列宁式"棉军装的姑娘。她们是从华东军政大学女学员中挑选出来的女航空员。这群即将成为新中国开天女的女战士,脸上堆满幸福的笑容,一路上她们的嘴几乎都没停过,张口闭口全是飞行。她们虽然连飞机都没见过,但心早飞到天上去了。

司令员下达五年禁爱令

北京前门车站到了，姑娘们中途下车，被接到空军前门招待所的一间大会议室里。她们刚刚坐好，空军的刘亚楼司令员便在机关工作人员陪同下，走上了讲台。司令员仔细打量了一番面前这些十七八岁的女兵后，刚毅的脸庞上露出了满意的笑容。姑娘们得知他就是身经百战的刘亚楼司令员时，兴奋、惊喜的心情难以言表，会场立马安静下来。会场虽没有麦克风，但司令员洪亮的声音，振动着每一位姑娘的心房："同志们，你们即将成为新中国第一批女航空员，培养你们是经党中央毛主席批准的。你们要珍惜这难得的机会，一定要飞出来，为新中国妇女同志争光。"刘司令员接着又代表空军党委向在座的准女航空员们提出了明确的要求："我代表空军党委向你们宣布，你们5年内不准谈恋爱，有男朋友的也要断掉。你们中间如果有谁下不了这个决心，就不要去航校了。"司令员打住话头，用犀利的目光扫视了姑娘们一眼，见她

☆从左至右何月娟、黄碧云、周真明、陈志英、武秀梅、阮荷珍在写保证书

们都有些木然，便高声问道："有没有这个决心？"

"有！有！有！"一开始姑娘们没想到司令员会提出这样一个意想不到的问题，一时没缓过神来，当她们明白过来后，便大声回答道。那时姑娘们心里装的全是飞行美梦，压根儿没想个人问题。"别说是5年，为了飞行事业一辈子不结婚都行。"戚木木回忆当时的心情时，如是说。

听完姑娘们的回答，司令员再一次满意地笑了。而后用十分关切的口吻继续说道："你们不用担心，等你们飞出来之后，不愁找不到男朋友，空军部队有很多优秀的男飞行员。你们也不要有后顾之忧，我向你们保证，空军会管你们一辈子，管你们的老，管你们的死。……"刘司令员语重心长的讲话既是禁爱令也是兴奋剂。

在开往东北牡丹江的列车上，刘司令员的讲话成了姑娘们谈论的主要话题。陈志英在这群姑娘中不仅年龄较大，而且个头最高，大伙儿都叫她陈大姐。十八九岁的小姑娘大都没有恋爱的经历，陈大姐20岁出头了，不会没谈对象吧？上海姑娘阮荷珍便拿大姐开玩笑："陈大姐，你有没有对象？"

"没有，真没有！"陈大姐回答得很干脆。

"如果有，你舍得断吗？"

"那还用问吗？当然听司令员的。小丫头，你这么漂亮，是不是有相好的了？"

阮荷珍忙摇着双手答道："没有，没有，绝对没有！我上的是女子中学，没有男同学。"

"你敢保证？"

"当然敢，要不我可以写保证书。"

经她这么一说,陈志英提出一个建议:"为了表示我们5年内不谈恋爱的决心,到航校后,我们向领导写份保证书,你们说好吗?"

"好!""行!"姑娘们纷纷响应。后来14名女飞行学员进航校后,都写了保证书。周映芝的保证书上有这样几句话:"我愿一辈子不结婚,一生献给国防事业,包括生命。"秦桂芳的保证书写得更绝:"为了飞行事业,保证一辈子不谈恋爱不结婚。"她俩的保证书被连长退了回来,让她们重写:"谁让你们一辈子不谈恋爱不结婚?只保证5年,不准保证多了。"

14名女飞行员并不是同时进的航校,来自南京华东军政大学的陈志英、黄碧云、何月娟、阮荷珍、邱以群、戚木木、施丽霞7人是1951年1月初到的牡丹江空军第七航校。另外来自汉口中南预科总队的秦桂芳、伍竹迪、武秀梅、王坚、周映芝、万婉玲、周真明7人是1951年3月底到的航校,比第一批到达的陈志英等人晚了将近3个月。她们7人虽然晚到了,但没有落下学飞行的进度,因为她们全是高中生,而且全是高才生,文化底子比较扎实,她们只学了半个月的飞行理论便进入外场学习飞机驾驶。而先期到达的7人中,除阮荷珍外,全是初中文化程度,其中陈志英只念过7年书,黄碧云等人初中也没念完。在学习飞行理论阶段,真正吃力的是她们。

同一教室走出来的蓝天两姐妹

伍竹迪、秦桂芳她们虽然是千里挑一的女飞行员,坐的列车仍是那时运兵的闷罐车。但她们并不觉得憋屈,照样高高兴兴,说说笑笑。在这一群从汉口北上的姑娘中,后来有 7 人成了新中国第一批女飞行员,有趣的是这 7 名姑娘中有 3 名粤女,她们是伍竹迪、秦桂芳、王坚;有 3 名湘妹子,她们是万婉玲、周真明、周映芝;另一名是河南姑娘武秀梅。

☆左为秦桂芳,右为伍竹迪

伍竹迪与秦桂芳,这一对羊城姐妹有着罕见的奇缘。1946 年,她俩都在广东省立执信女中读书(现为广东执信中学),同一年级,不同班。初中二年级时,秦桂芳去了香港,1948 年夏天初中毕业,为了学英语,她报考了九龙圣罗撒教会学校三年级(相当于高中一年级),不久她加入了地下青年团。伍竹迪则仍在执信女中读高中,她也在广州加入了地下学联。广州解放后,秦桂芳回到羊城,又回执信女中读高三。这一次秦桂芳与伍竹迪不仅同一年级而且同班。秦桂芳比伍竹迪略矮一点,坐在伍竹迪的前一排,两人是前后桌。不仅如此,两人还是校篮球队的主力。秦桂芳是左撇子,打左前锋,伍竹迪打右前锋。两人均是该校成绩优异、思想进步的

尖子生。朝鲜战争爆发后，时任广州市长的叶剑英在越秀山体育场召开动员大会，号召广大知识青年踊跃参军参干，报效祖国，保卫和平。伍竹迪、秦桂芳两人均报名参军。她俩的参军在当时的执信女中引起了巨大的轰动，校方给予了极高的评价。该校校史中有这样一段褒奖文字："五十年代过来的学子们恐怕都不会忘记这样动人的一幕：在抗美援朝的爱国主义热潮中，执信中学送出一批最优秀的女儿参军，送出了令所有执信人引为骄傲的新中国第一批女飞行员伍竹迪、秦桂芳。当年校门前那喧闹震天的锣鼓声，那《共青团员之歌》庄严豪迈的歌声，那含着热泪的深情的告别，直到今天，还在我们心灵深处回荡。伍竹迪、秦桂芳志愿保卫祖国蓝天的壮举，在某种意义上已经成为一代执信人的精神象征：高远的志向，宽广的胸怀，执着坚韧，自强自信。这种精神，不仅激励着一代执信人的一生，在后来一代又一代执信人身上，更得到不断的锻淬和升华。"不难看出，伍竹迪、秦桂芳的参军举动以及她们在蓝天上创建的丰功伟绩，在这所由革命先驱廖仲恺、李大钊、蔡元培、何香凝等亲手创办的中学里，成了极其宝贵的精神财富。

伍竹迪、秦桂芳参军后一道被分到中南预科总队，而且在一个班。空军招女飞行员时，两人都通过了极其严格的政审和体检关，不同的是伍竹迪选飞并不顺利，因为她太优秀了，是中队的团支部副书记，中队领导有私心，想留她当干部不放她走。后经她软磨硬泡，才同意放走她。就这样，伍竹迪与秦桂芳又肩并肩地坐上了开往航校的列车。在往后的人生道路上，这对从同一教室里走出来的姐妹，又演绎出了不少传奇故事，这是后话。

秦桂芳喜欢动脑，其他姑娘们叽叽喳喳不停时，她却独坐一旁闭目遐思，想着到航校后的生活。飞机是啥样？教员是啥样？她在心里设计着飞机的形状与飞行教官的形象：飞机一定是苏联无私援助的最先进的战斗机；教官也一定是位苏联老大哥，参加过卫国战争，很可能是位像"无脚飞将军"那样的战斗英雄。最好是位女飞行员，她通过看书知道，苏联有1000多名在二战中成长起来、打得德寇闻风丧胆的女飞行员，号称空中魔女。她们是她的偶像。

秦桂芳一路都做着这样的美梦，她的梦还没醒，深夜牡丹江车站到了，接她们的有先期到达的陈志英等人。陈志英对她们分外热情，给她们拿行李引路，将她们7人领进了宿舍。房间里有用木板搭成的通铺，先来的7姐妹占了一半床位，她们已经入睡，剩下的一半是给秦桂芳她们留的。等她们安顿好后，陈志英让她们睡觉。可是新来的7人你看看我我看看你，没人脱衣睡觉。陈志英忙催道："你们怎么还不睡？"小不点武秀梅心里想道："你不走，我们咋睡？"原来陈志英留的是短发分头，像男孩子一般，加上她人高马大，嗓门又粗，她们以为她是男同志。陈志英见她们还磨蹭着不睡便自语道："你们不睡，我可要睡了。"她脱衣就寝时，她们才发现她也是位姑娘，大家不好意思地笑了笑，这才脱衣上床。若干年来，她们一直将这场误会当笑话谈，陈志英的高大身影也从此深深地刻在了姑娘们的心里。

早饭的时间到了，在陈志英的带领下，14名女飞行学员进了空勤学员食堂，新来的7名女学员，有些不相信眼前的饭菜是给她们准备的。原

☆留分头的陈志英

先她们听说航校生活很艰苦,吃的是高粱米和咸菜疙瘩,只有过节才能吃上一顿肉。今天又不是啥节日,为啥有大米饭,有白白的大馒头,还有牛奶鸡蛋。伍竹迪便小声问陈志英:"陈大姐,今天是不是为了欢迎我们改善伙食?"

陈志英听后笑道:"我们刚来时吃的是高粱米,窝窝头,大白菜。现在改吃空勤学员灶,平时都是吃这种饭菜。午餐和晚餐都是四菜一汤,比早餐还丰盛。现在是刚解放,全国人民的生活都很艰苦,但领导为了保障我们的体质,给我们以特种待遇。领导干部都享受不到,他们吃的仍是窝窝头和高粱米。"

伍竹迪听完她的解释,心中油然升起一股热浪,东北的3月虽还寒气袭人,但此时她全身都热乎乎的,深深感受到了党的温暖,更坚定了她一定要飞出来的决心。(60年来,一些媒体为突出航校生活的艰苦,说她们在航校一直吃的都是高粱米、窝窝头、大白菜,一个星期才吃一次肉。这些报道是想当然,与事实不符,伍竹迪、秦桂芳、阮荷珍等大姐让我说明这一点。)

飞行员学飞行被分成两个阶段,第一阶段是学习理论阶段,又叫内场,第二阶段为学飞行阶段,又叫外场。14名女飞行学员进航校后先在内场学飞行理论,包括空气动力学、气象学、领航学、飞机构造、发动机原理与构造以及特种设备等。先期从南京华东军政大学来的女航空员的文化程度普遍偏低,矬子里面拔将军,从她们中间挑选了陈志英等7名初中生学飞行。由于人数太少,才紧急从汉口中南预科总队增招了一批女航空员,从她们中间挑了7名高中生学飞行。由于14人到航校的时间前后相差将近3个月,后来的7人只有不到半个月的理论学习时间,尽管她们都是高中生,但要跟上学习进度还是很吃力的,她们只有一面加班加点地赶,另外一面边飞行边补理论课。好在她们7人文化底子厚实,又都聪明好学,都赶上了学习进度。倒是先期到达的黄碧云,理论学习阶段就差一点被淘汰。

在我写本书之前,由于黄碧云大姐已定居澳大利亚,不便当面采访,我便请她将相关的文字资料和照片寄来。她很热情,如期寄来了她保存多年的珍贵资料,其中有一篇是发表在1952年《新中国妇女》杂志上的文章,标题为《我怎样学会了飞行》,作者黄碧云。除此之外,80岁高龄的老大姐还亲笔写了30多页回忆文章。她在60多年前写的文章中,详细介绍了当年学习的情景。她写道:"我父亲是个有着浓厚封建思想的人。在他心目中,女的比男的是低一等的。上完小学后,他便不准我继续读书了。父亲说:'女的读书白搭,能干什么事。'我深深体会到在旧社会女人是没有光明出路的。……因为我文化水平不高,教员讲课我不能完全理解,问我的问题,我老是答不上来。困难重重,怎么办?我心中万分焦急。我怕掉队,怕完不成党给我的光荣任务。但我一想到刘亚楼司令员对我们讲的话,我的勇气就鼓起来了。我决心挺起胸膛,克服困难。我利用一切可能的时间复习功课。星期天也不休息,睡觉前我总是要把当天学的东西默诵一遍,把它记牢。如记不住,我就跑到厕所里继续学。"就这样,实际只有小学文化程度的黄碧云,在教员的耐心教导下,在领导和姐妹们的热心帮助下,闯过了理论学习关,和其他13名姐妹一起进入外场学飞行。

"日本鬼子"当教官

飞行员进入外场飞行,天天打交道的是带飞教员。负责带飞14名女飞行学员的教员共4名,其中有两名中国教员赵赠熊、蔡善炳,还有两名日本教员宫田忠明、长谷川正。一见教员中有两名"日本鬼子",姑娘们的怒火一下窜上了脑门,尤其是分到两名日本教官名下的姑娘,更是一百个不愿意,其中秦桂芳的抵触情绪更盛。她想象中的教官是高大英武的苏联英雄,而站在她面前的是一位矮矮胖胖、左眉与鼻梁之间有道伤疤的"日本鬼子"长谷川正,想象和现实相差十万八千里,她难以接受,心里顿时火冒三丈,熊熊怒火烧红了她的脸,也烧红了她的眼,她怒视着日本教官,

☆日本教官长谷川正

☆日本教官宫田忠明

恨不得痛痛快快骂他一顿，揍他一顿。秦桂芳之所以这么仇恨"日本鬼子"，特别是日本飞行员，是因为她目睹过日本空军狂轰烂炸时的惨景，那一颗颗睁着双眼的人头，经常浮现在她的眼前，挥之不去。

校长把这一切全看在眼里，他理解秦桂芳及其他姑娘的感情，便耐心地给她们介绍了两名日本教官的经历。1945年8月15日，日本宣布无条件投降，宫田忠明与长谷川正所在的飞行部队，在队长林弥一郎的带领下准备经朝鲜逃回日本，途中被中国共产党领导的东北联军俘获。后经教育改造，参加了东北民主联军，完成了由"战俘"向"战士"的转变。1946年1月，成立"东北民主联军航空总队"时，林弥一郎是负责人之一，宫田忠明与长谷川正也在该总队飞行。同年3月1日，东北民主联军航空总队改名为"东北民主联军航空学校"（东北老航校），长谷川正被任命为主任教官，宫田忠明为教员。最后，校长郑重地说道："日本教官虽然是战俘，但经过改造后，思想觉悟都有很大提高，他俩现在都是反战同盟的成员，参加革命比你们还早五六年哩。他俩都立有战功，宫田忠明曾驾驶高教机，在通化和牡丹江之间多次完成运输任务。长谷川正曾驾驶双引擎高教机，冒着敌人的炮火，给被围的解放军投掷过突围路线图，使我军成功突围。现在站在你们面前的已不再是日本战俘，更不是什么'日本鬼子'，而是你们的教官，你们要像尊敬我一样尊敬他俩。"

校长的长篇讲话并没有使秦桂芳等人服气，脸上仍显露着鄙夷之色。校长一看这情景火了："你们翘什么尾巴，如有不想跟日本教官学飞行的，可以打起铺盖卷回家去！"校长这句话是字字重千斤，吓得秦桂芳她们一个个都软了下来。因为她们可以不怕天，不怕地，就怕不让她们学飞行。为了从思想上真正改变女飞行学员对日本教官的看法，钱连长专门找女飞行学员班的班长周映芝个别谈话："宫田忠明、长谷川正的飞行技术都很棒，也有丰富的经验。更重要的是他们经过改造教育，真心愿意为新中国空军建设出力。你是班长，不仅自己要想通，还要做好大家的思想工作，不能把日籍教官当外人，更不能当敌人。"经过各级领导做思想工作，姑娘们对日本教官的敌对情绪有所缓解。

☆秦桂芳保存的有教员让她停飞的飞行日记

俗话说："日久见人心"，在往后的带飞过程中，女飞行学员彻底改变了对日本教官的看法，建立了深厚的师生情谊，这种真挚的感情经受住了时间的考验，在60多年的时光中，演绎出了许多感人的故事。

铁面的故事：主任教官长谷川正，以严著称，对女学员也是如此，姑娘们背后叫他铁面教官。他对飞得好的女学员更严，更无情，秦桂芳就深受其"害"。秦桂芳是14位姑娘中飞得最好的，但也是最有个性、最淘气的。长谷川正对她严到了"整人"的地步，对她的过错，从不宽容。有一次着陆时，秦桂芳忘了报告，飞机刚刚停稳，教官便将写有"停飞"二字的评分表摔给她,并毫不留情地将她赶下飞机。按计划她还有两个起落,也被取消了,气得秦桂芳跑到队领导那里告状,说"日本鬼子"整她。还有一次空中平飞后,她的手松开了油门杆,随便搭在座舱的边沿上,长谷川正见后,在后面大声吼了起来:"你的手往哪里放?"尽管她立即将手放到了油门杆上,可仍没躲过停飞检讨。为这么一个小动作让她停飞,秦桂芳心有不甘,更加认定长谷川正这个"日本小鬼子"不是真心实意教中国人学飞行,而是找茬整人。另一次是上航空理论课,她无意地打了个哈欠,并伸了个懒腰,没等伸开的手放下来,长谷川正便叫她站起来:"为什么不好好听课?你出去!"她被撵出了教室。严师出高徒,正是他的铁面无情,才培养出了顶尖飞行员秦桂芳。

☆后排从左至右戚木木、周映芝、周真明与长谷川正合影

伤疤的故事: 一天飞行后,长谷川正将秦桂芳叫到身边,给她讲述了"伤疤的故事"。长谷川正指着自己脸上的伤疤对她说:"飞行时一点也不能马虎,这就是我马虎的结果。在一次试飞新机种时,我顺利地完成了各项

试验项目之后,一时得意忘形,站起身来准备观看地面的风景,一不小心,头碰到了一个电门,造成一台发动机停车,慌忙中又扳错了开关,使另一台发动机也停车,再也启动不起来,飞机失去了动力,只好迫降,由于地面坑洼不平,迫降时我的头撞到风挡玻璃上,留下了这道伤疤。"接着他语重心长地告诫她:"飞行是非常严肃的事,马虎的不行,随便的不行,骄傲的不行,不守纪律的不行。"他的四个不行,让秦桂芳铭记终生,终身受益。

乌龟的故事:1952年春夏之交,宫田忠明、长谷川正等日本教官途经北京准备回国,第一批女飞行员得知这一消息后,便从西郊机场匆匆赶到日本教官下榻的宾馆,向他们汇报离开航校后的经历,特别详细汇报了她们飞越天安门接受首都人民检阅和毛主席等中央领导人接见时的动人情景。日本教官听完后激动不已,他俩为她们骄傲、自豪。宫田忠明竖着大拇指含着热泪夸赞道:"你们为中国妇女争了气,你们是好样的。你们的光荣,也是我们的光荣!"

有重逢就有离别,临别时,长谷川正用微微发颤的手在自己的笔记本上画了一只大乌龟和几只小乌龟,大乌龟回头望着小乌龟,一长串泪水从大乌龟的眼睛里流出来,洒在地上。在日本人眼里,乌龟是吉祥长寿的象征。画上的大乌龟是指他自己,小乌龟是指他的学生。这张画充分表明了他难分难舍的心情,是异国师生分离时内心情感的真实写照。长谷川正将这张画送给了他得意的学生秦桂芳。

命名的故事:日本教官回国后,一直惦念着中国的女弟子,每逢中国佳节,他们还写信问候。只要有机会回第二故乡——中国,他们必抽出时间探望新中国第一批女飞行员。1978年夏天,中国的"文化大革命"已经结束，改革开放的号角即将吹响。这时日本教官来到中国，看望久别的学生，包括男女飞行学员。首先他见到了还在飞行的武秀梅，武秀梅还提供了在京的第一批女飞行员周映芝等人的名单。长谷川正离京时，武秀梅还去机场送行。除武秀梅之外，周映芝等也到友谊宾馆看望恩师长谷川正。师生久别重逢有说不完的离情别意。因为周映芝是女飞行学员班的班长，长谷川正对她的印象极深，他告诉周映芝，为了纪念他在中国航校带飞女飞行学员的难忘岁月，他特地给他的小女儿取名为"长谷映子"，中间用了周映芝的"映"字。他还送给周映芝一个洋娃娃，一双日本筷子和一张写有"友谊永存"的硬纸卡片作纪念。周映芝也回赠了礼物，是一本写有"师生久别喜相逢"的挂历。与周映芝同时探望的有戚木木和周真明，可惜长谷川正没见到爱徒秦桂芳。

师祖的故事：日本教官对中国空军建设所做的贡献，中国政府和中国人民没有忘记。1986年5月，为庆祝人民空军第一所航校建校40周年，应中国国际友好联络会的邀请，以林弥一郎为团长的一行50人，代表当年在老航校工作过的日本友人来华访问。我作为机长，驾驶三叉戟飞机，荣幸地执行了送日本友人到各地参观的专机任务。在一次宴会上，有一位中等身材、年逾七旬的老人向我敬酒时用熟练的汉语问我："请问机长您贵姓，是哪一批的女飞行员？"

"我叫苗晓红，是第二批女飞行员。"我微笑着回答。

"您认识秦桂芳吗？"

"谁不认识大名鼎鼎的秦大姐呀，她还是我改装里-2型飞机的飞行教员哩！我俩……"

还没等我把话说完，他便异常激动地放下酒杯，紧紧地握住了我的手，

☆作者苗晓红与长谷川正握手

长有寿斑的脸不停地抽动着:"太好了,太好了!我是长谷川正,是秦桂芳航校时的教官。你既是我学生的优秀学生,那我算是你的师祖了,我为有你这样优秀学生的学生而自豪。来,为我们的奇遇干一杯!"

这时,闪光灯不停地闪动,随行记者频频按动快门,拍摄下了这极具传奇色彩的难忘瞬间。由于行程太紧,这次他仍未见到秦桂芳。

1987年10月,长谷川正再度来华,专程到成都看望秦桂芳和何月娟。久别36年的师生,终于又见面了。临别时,秦桂芳将她精心选购的两只用玉石雕刻而成的乌龟送给自己的教官,并恭恭敬敬地给老师行了一个军礼。

2004年5月,周映芝到日本探亲时,本想探望长谷川正教官,因路途遥远,加上留日时间有限,没能成行,但她仍与病中的九旬老人通了电话。患有老年痴呆症的老人,居然还记得老航校的事,还能听出她的声音。这不能不说是一个奇迹,奇迹中饱含了老人对新中国第一批女飞行员的无限深情。周映芝此刻仿佛又听到长谷川正教官挂在嘴边的一句话:"我教不好你们,对不起中国人民,等于我又在犯罪。"多好的教官,多好的老人啊,周映芝含泪放下了电话。

一、开飞篇 KAIFEIPIAN

美人儿吐成了泪人儿

李白在《蜀道难》一诗中写道："蜀道之难,难于上青天。"在诗人看来,上青天是不可能的。共和国首批14名女飞行员,就是要将不可能变成可能,她们要上青天,然而上青天的确很难。14名女飞行学员来到航校后,经受住了一系列考验,战胜了天气寒冷、文化程度低、生活艰苦等困难,但真正的考验还在后面。

1951年4月12日,农历三月初七,这一天是14名女飞行员终生难忘的日子,14名姑娘身上穿着厚厚的毛皮飞行服,脚蹬高筒毛皮靴,头戴毛皮飞行帽,踏着整齐的步伐,在教员的带领下,来到了停机坪。今天她们正式开飞了,飞天的梦想就要实现了,尽管只是教员带她们做体验飞行,

☆阮荷珍(右二)与姐妹们在冰天雪地的牡丹江机场

但也是离开大地飞上蓝天了。即将腾云驾雾的姑娘们,一个个都无比激动但又有几分紧张,无限喜悦但又有几分忐忑。第一个上飞机的是阮荷珍,外号"阮大头"。其实她的头并不大,大伙儿之所以叫她"阮大头",是因为她脑子灵光,记忆力惊人,头脑里装的东西多。旧社会有种银圆上有袁世凯的头像,人称这种银圆叫"袁大头","阮"与"袁"同音,所以姐妹们戏称阮荷珍为"阮大头"。这一天,教员组研究决定,让阮荷珍第一个做体验飞行。教员组之所以挑选她第一个上天,是因为她理论学习阶段的成绩优秀,而且喜爱运动,体质好。她是第一批到校的7名女飞行员中唯一的高中生,接受能力远远高于其他6名姑娘。后来的7人虽然接受能力也不差,但毕竟比阮荷珍少学了3个月。

美制PT-19型教练机是一种非常落后的双座舱教练机,没有座舱盖,学员在前舱,教员在后舱,前后舱的两根驾驶杆是联动的。飞机上的设备陈旧、简陋,既没有与地面联络的无线电台,更没有导航仪器,也没有机内通话器,飞机的前后舱仅靠一根橡皮管子联络。教员与学员各执一头,这样教员的声音学员才能听见。地面也没有塔台指挥员指挥,空地无法通信联络,只有一名信号员站在跑道头一侧举旗,他举白旗表示可以落地,举红旗表示不能落地只能复飞。飞机的一些零部件都是拼凑起来的,一副螺旋桨、一个轮胎,往往是几架飞机共用,机身上到处是补丁。航材和汽油全靠从国外进口。尽管如此,并没有动摇女飞行员早日飞上蓝天的决心。

阮荷珍带着十分得意的心情跨进了飞机的前舱,教员紧跟着进了后舱。两人坐好后,教员对她说:"别紧张,把手放到驾驶杆上,如果支持不住了就用手拍一下头,我就早一点着陆。"阮荷珍听后不以为然,心里说道:"别小看人,不信我连坐飞机都不能支持。"她正想着,飞机如脱缰的野马冲天而去,阮荷珍的心猛然一下提了起来,她正想鸟瞰机下景物时,忽然感到一阵难以控制的心慌意乱,突然一阵强气流袭来,飞机产生剧烈颠簸,顿觉天晕地转,胃里的酸水直冲嗓门,她开始强忍着,可当教员压杆飞机转弯时,她再也忍不住了,哇哇地吐了起来。教员发现她越吐越凶,便一推驾驶杆,迅速下降高度,飞机提前着陆。

教员将飞机滑回停机坪后,赶忙将阮荷珍从座舱里扶了出来,只见她脸色苍白,直冒虚汗,一身的酸臭味。姑娘们都围了上去,看着她的狼狈样,有的关切地问:"是不是很难受?"也有人责怪她:"不会忍一忍吗,第一个上天就吐了,多现眼。"阮荷珍此时顾不了大伙儿说啥,跑到一边又翻肠倒肚地吐开了,吐得她的头都大了。男学员则在一旁冷嘲热讽:"女同志就是娇气,坐飞机都吐成泪人儿,还想开飞机!"男同胞的嘲笑,像针一样刺在阮荷珍的心上;也刺在每一名女学员的心上。被人们称为"牛牛"的秦桂芳可不信邪:"我就不信,女同志坐飞机就一定会吐?我坐飞机就没吐过!"平时爱好运动的她,体验飞行时还真没有吐。1948年暑假,秦桂芳曾代表香港青年会女子篮球队坐飞机去菲律宾比赛。那是她第一次坐飞机,第一次感受到腾云驾雾的妙趣,并从此爱上了飞行。

☆教员给学员在飞机旁讲评

关于坐飞机为什么会吐的问题，一般人很难理解，现在人们经常乘坐的大型客机，绝大部分时间在万米高空飞行，基本不受气流影响，飞行很平稳，乘客没有不适的感觉，体会不到阮荷珍的感受。阮荷珍她们当时乘坐的初教机，速度小，飞行高度低，稳定性差，稍有气流就会颠簸。这如同在大海上行驶的船只一样，万吨巨轮在海中航行，受风浪影响小，而小型船只受风浪的影响要大得多。当然吐与不吐还取决于个人的平衡器官、心理素质，乘坐同一架飞机的人有的吐有的就不吐。秦桂芳等多数姑娘通过了体验飞行关，这对阮荷珍、施丽霞等少数爱吐的女学员来说，是一种无形的巨大压力，她们产生了自卑感。阮荷珍想："大概是自己的身体不适于飞行，看来是要被淘汰了。"但她是名很好强的姑娘，不甘心因为身体原因而被淘汰。各级领导、教员和姐妹们都鼓励她战胜困难，多飞几次，慢慢就会适应的。阮荷珍在大伙儿的安慰鼓励下，再次鼓足勇气，又让教员带飞了两次，呕吐现象不仅没有消失，反而愈演愈烈，似乎形成了条件反射，一上飞机，一闻汽油味就想吐，吐得她想从空中跳下来。过度呕吐再加上压力过大，她病倒了，一病就是半个月。自古就有英雄难过美人关一说，不曾想阮荷珍这位大美人却过不了呕吐关。她躺在病床上，很消沉，但陈志英大姐的一席话使她重新振作起来。

一天飞行结束后，陈大姐来到她的床边，拉着她的手语重心长地说："荷珍，你要相信自己，我们都是经过极其严格的身体检查的，你的身体没有毛病。初次上天呕吐的人不止你一个，有的男学员也吐过。你从一个女中学生穿上军装，再穿上飞行服多不容易，你千万不能放弃你的理想，不能掉队。国家现在这么困难，花这么多钱培养咱们，为的啥？为的是提高我们妇女的地位，让我们女同志和男同志一样保卫新中国，建设新中国。

那么困难的理论关,在你的帮助下,我和黄碧云都闯过来了,我们相信你一定能闯过呕吐关。我给你带来一小瓶汽油,你放在身边经常闻闻,闻习惯了你就不想吐了。"就这样阮荷珍一面吃药治病,一面闻汽油治吐。心理上的压力去掉了,汽油味闻惯了,奇迹也出现了,重上蓝天时她居然不吐了,头也不大了。阮荷珍重返蓝天也有主任教官长谷川正的一份功劳。阮荷珍病后,领导上曾考虑淘汰她,但长谷川正极力反对,他说阮荷珍身体没问题,只要习惯了汽油味,呕吐现象就会消失。

飞行体验关过了之后,14个姑娘正式由教员开始带飞,真正进入学习飞行阶段。当时航校有3个飞行学员班,即干部飞行学员班、男飞行学员班、女飞行学员班。女飞行学员班一共4名带飞教员,两名中国教员是赵赠熊、蔡善炳,两名日籍教员是宫田忠明、长谷川正。主任教官是长谷川正。女飞行学员班分3个教学组。其中有两个教学组是5名学员,一个教学组只有4名学员。这个教学组的教员是蔡善炳,学员是武秀梅、黄碧云、何月娟、戚木木。这4名学员与其他10名学员不同,她们4人进航校时学的是机械专业。后来学飞行的女学员中有4人因家庭成分发生变化被淘汰,由她们4人补上。因此,她们的学习进度落下不少,领导才派具有丰富教学经验的蔡教员专门带她们。蔡教员高高的个头,人长得很帅气,

☆前排左一为黄碧云,右一为武秀梅;后排左一为蔡教员,右一为何月娟

性格也好,师生关系很融洽。武秀梅在14名女飞行学员中个头是比较小的,排队时戚木木是排尾,她倒数第二,娇小玲珑,人称小不点。她与戚木木不同,戚木木是人小胆大,而她是人小胆子也小,飞行时畏首畏尾放不开,再加上接受能力又不是很强,因而学习成绩不理想。针对女飞行员的特点,蔡教员带她飞时一般从基本动作做起,由简到繁循序渐进。进入外场之后,几乎每天都要飞行,东北天亮得早,3点多钟就要上机场,上午飞行,下午除总结讲评外,还要准备第二天的飞行。那段时间武秀梅成天与飞机打交道,不飞时脑子里想的还是飞行,尽管如此,她的成绩仍然不佳,尤其是着陆时,总不能使飞机平稳接地。有一天飞完3个起落后,她一下飞机就蹲在飞机旁流起了眼泪。这时蔡教员来到她身边安慰道:"小武,别难过,我仔细观察了你的动作,你飞不好的原因有两点:一是做动作不果敢,怕这怕那;二是你对飞机接近地面1米时的高度判断不准,拉杆的动作量有问题。你只要克服这两点一定能飞好。"

为了解决着陆判断不准的问题,武秀梅利用一切可利用的时间和空间,坐车时练,上下楼梯时练,甚至跑到机场附近小山坡上练,反复地从山坡上跑上跑下。

有一次,她光顾观察高度变化,没注意脚下的地面,结果在一块石头上摔了一跤,但她不顾身上的伤痛,爬起来接着练。功夫不负有心人,着陆判断不准的问题终于解决了。但是她与多数女学员一样,推拉驾驶杆与蹬舵的力度总是掌握不好,不是轻就是重。飞机在她的驾驶下忽左忽右,忽上忽下,如同一个醉汉,走起路来总是趔趔趄趄、跟跟跄跄。为攻克这一难关,蔡教员与武秀梅面对面地坐在地上,教员举起右胳膊当驾驶杆,两人双脚相抵,教员的双脚就是控制方向舵的脚蹬。教员模拟飞机的各种状况,让她拉杆蹬舵,不时指点她。除此之外,她与姐妹们也相互做这样的练习。最终武秀梅基本掌握了初教机的起落技术,放了单飞。(放单飞是指由学员独立完成一切飞行动作。)

起飞线上的激烈竞争

第一批女飞行员人人争强好胜,不甘人后,她们不仅与男飞行学员比着干,姐妹们之间也较着劲,都想争取第一个放单飞。第一个放单飞,即意味着她是新中国第一个独立飞上蓝天的女性,这是一份荣誉,意义非同小可。为争这份荣耀,几个飞得最好的蓝天姐妹之间暗暗地展开激烈的竞争。秦桂芳、伍竹迪、阮荷珍、王坚还有周映芝等人实力最强,最有可能成为第一个放单飞的女学员。论平时飞行成绩,伍竹迪与阮荷珍最好,她俩得的 A 分最多,但论飞行技术秦桂芳飞得最好,只是由于她有些淘气散漫,挨批评最多,飞行分数不理想,有不少 B 分,甚至还有 C 分,而且她还有被教员撵下飞机而"停飞"以及被教员赶出教室的记录。秦桂芳自己心里清楚,能不能第一个放单飞,她不担心自己的技术,担心的是教员抓住她的"小辫子"不放。秦桂芳最有力的竞争对手是她的好姐妹伍竹迪。她不仅飞行成绩优异,深得领导与教员的赏识,而且她心理素质出众,无论出现啥紧急情况,她都能冷静处置,校领导检查她的飞行技术,她一点都不紧张,她自然也是第一个放单飞的人选之一。至于阮荷珍、周映芝、陈志英、王坚等人也都有各自的优势。

校领导和教员组对女学员放单飞非常重视,第一个放单飞的学员能否

☆长谷川正专程到成都看望秦桂芳与何月娟

成功,关系到整个女飞行学员班飞行自信心能否进一步确立的大问题,也是最终击破"女同志柔弱胆小,不适合开飞机,螺旋桨一转不把她们吓跑也会将她们吹走"等流言的关键,更是能否完成"一定将她们培养成飞行员,一个也不能掉队"任务的具有决定性的一步。他们根据14名女飞行学员平时的飞行成绩和身体、心理素质,经反复研究,确定了第一批放单飞人员名单,她们是秦桂芳、阮荷珍、伍竹迪、王坚4人,至于谁第一个放单飞,由魏坚校长亲自考核后再定。阮荷珍之所以被选为第一批放单飞的女学员,教员赵赠熊在一次记者采访时,专门回答了这个问题,他说:"阮荷珍是小组长,她文化程度高,为人和气,爱笑。她学习很认真,给我的印象很好。她稳重老练,我对她飞行放心。"当时领导和其他教员都同意他的看法,一致同意阮荷珍第一批放单飞。关于秦桂芳第一批放单飞的决定,领导与教学组之间讨论时有过激烈争论。大家一致认为她飞得最好,不过对她的无组织、无纪律的毛病颇有看法。长谷川正却极力为秦桂芳辩解,他解释说:"秦桂芳飞得是最好的,我的对她要求更严,批评的最多。对旁的学员我的主要是鼓励,对秦我的主要的是批评。她可以得A的成绩我给她B,可以得B的我给她C。"在他的力争下,秦桂芳才被确定为第一批放单飞的女学员。伍竹迪最终没能进入第一批放单飞的名单,因为她运气不佳,那些天她正好赶上"倒霉"的日子,尽管她极力要求参加考核,但领导为慎重起见,还是将她从第一批放单飞的人员名单中拿掉了。

当主任教官长谷川正向秦桂芳告知教员组的决定时,她并没有表现出异常的兴奋,脸上虽露出了笑容,但笑得很淡定,不是那种欣喜若狂的大笑,教员组的决定既在意料之中又在意料之外,她对教官的公正大度心里万分感激,然而她只端端正正地给教官敬了一个礼,没说一句感谢的话。秦桂芳的反应也在长谷川正的意料之中,经过一段时间相处,他对秦桂芳已有所了解,此人骄傲自信、气盛好强、胆大勇猛、泼辣倔犟,她身上闪现的全是男人性格,难怪大伙儿叫她牛牛,真是一头犟牛。

谈到秦桂芳的小名牛牛,还得从她小时候说起。1933 年 5 月,秦桂芳出生在广州市中华南路(现为解放南路)石弯巷的一个小商人家里,她是父母的第 8 个孩子。怀她时母亲曾两次打胎,不想要她,谁知她命大,硬是没打掉。生下来不久她便被过继给了四伯父。不久,四伯父娶了二妈,秦桂芳不满周岁时,二妈生了小弟弟,从此她便成了受气包。在这种家庭环境里长大的秦桂芳,养成了现在的性格。

"明天校长检查你时,你的一定要好好地飞,你的不会紧张,但千万不能大意,你的明白?"

"明白,请教员放心,我不会给你丢脸。"听完牛牛的保证,长谷川正那有伤疤的脸上,掠过一丝少有的笑容。

校长检查的那一天,原计划是第一批放单飞的学员先由教员带飞 3 个起落,然后再由校长检查 3 个起落,根据检查情况,由校长决定是否放单飞。计划第一个检查的是秦桂芳,第二个是阮荷珍,第三个是王坚。开飞的时间到了,可是魏坚校长因有紧急公务要处理没到外场。秦桂芳只好仍由教员带飞3个起落,等校长来后再检查。飞完3个起落后,校长还没来,只好安排阮荷珍接着飞,这时魏坚校长到了,便先检查阮荷珍。阮荷珍虽然开始不顺,病了半个月,但经过刻苦努力,加上她聪颖机敏,不但没落下飞行进度,反而成了飞得好的学员之一。校长检查3个起落之后,给她的成绩是A,并批准她放单飞。校长接着检查秦桂芳,秦桂芳对没有第一个被检查还在生闷气,还没完全缓过神来就匆忙上了飞机。由于精力不集中,着陆时忘了放襟翼,快落地时她才发现,好在她飞行功底扎实,应变处置能力强,仍使飞机平稳安全降落。校长检查完后,也不搭理她,径直向长谷川正教官走去,两人都阴着脸嘀咕。秦桂芳一看这情景,心全凉了,一个劲儿地骂自己。其他姐妹和领导也为她难过。陈志英、伍竹迪、阮荷珍、王坚等人走到她身旁安慰她。

校长与教官商量一阵子后,教官把秦桂芳叫了过去,秦桂芳低着头,耷拉着脸走到校长和教官面前,准备挨批。

"秦桂芳,你说说,你飞得咋样?"校长问道。

"不好。"

☆35年后阮荷珍在北京喜逢魏坚校长

"为啥忘了放襟翼?"

"思想不集中,老想没第一个被检查,倒霉。"

"你心里是不是怪我,骂我?"

秦桂芳瞅了校长一眼没敢吱声。魏校长看她那余气未消的样子突然笑了:"你呀,真是一头犟牛。你今天虽然忘了放襟翼，但后面的处置很果敢，也很正确，说明你具备了独立飞行的能力。另外考虑你以往的飞行情况，我与长谷川正教官商量后，批准你放单飞！"

"真的？"秦桂芳不相信自己的耳朵，着陆时忘放襟翼还能放单飞？校长的决定是她做梦也没想到的，太意外了。秦桂芳再次抬起头来，用两只含有泪花的大眼望着校长和教官。

"虽然同意你放单飞，但还得狠狠地批评你。争第一的思想应该提倡，但出发点一定要正确。如果单纯是为自己出风头而争第一，必然走到邪路上去，你一定要接受今天的教训。"

秦桂芳打心眼里感激校长和教官，但她此时找不到恰当的语言，忙不迭地点头。校长功过分明的讲评与全面看问题的思维方式影响了秦桂芳一辈子。阮荷珍、王坚与秦桂芳都批准放单飞了，但先放谁？教学组又进行了认真的研究。经过反复比较权衡，最终确定阮荷珍第一个放单飞，理由是：从校长考核情况看，阮荷珍更心细稳重。

阮荷珍在她给我写的回忆录中，详细讲述了她放单飞时的情景，她写道："1951年7月6日，是我终生难忘的日子，这天天气很好，所有的飞机都停飞了，平时嘈杂的机场顿时变得非常寂静。我的心紧张得快要跳出来了。那天，我驾驶的是PT-19型初级教练机。飞机上没有无线电通信和导航设备，只有凭风向袋判断风向风速，凭信号员的信号旗驾驶飞机起降。为了平衡，在飞机后座，平时教员坐的位置上放一个大沙袋。为了表示是第一次单独飞行，在飞机的尾部系上一根红布条。我进座舱后，赵教员再一次嘱咐我：'你的技术我完全信得过，就照平时那样飞，不要紧张。'我冲教员使劲点了点头。飞机稳稳地起飞，做了一个本场航线后，又轻轻地着陆了。我单飞得很好,机场上的人欢腾了,我也松了口气,很开心。赵教员说,魏校长对我的单飞很满意,我笑了。"就这样,阮荷珍成了新中国第一个独立驾驶飞机飞上蓝天的女性。1951年7月6日,不仅是阮荷珍的大喜之日,也是改写新中国妇女历史的日子,它向全世界宣布,解放后的中国妇女,独立驾机飞上了蓝天。紧接着王坚、秦桂芳也顺利地放了单飞。

伍竹迪却没有阮荷珍和秦桂芳那么幸运,她认为领导没让她第一批放单飞,不光是身体原因,更是对她的不信任,因而背上了思想包袱,思想压力一大,上飞机后精神总集中不起来,动作总不到位,而且是越来越糟糕。以往飞得很好的她,突然变得不会飞了。教员怎么耐心地纠正动作也不管用,教员气急了,把她赶下了飞机,不让她飞了。这次停飞对伍竹迪来说如同当头一棒,教员这重重的一击,将她彻底打醒了,她冷静反思,

☆ 14名女飞行员在里—2型飞机前合影

终于找到了症结。之所以变得不会飞了，是因为自己没有第一批放单飞，觉得不光彩，错误地认为自己是飞得最好的，就应该第一个放单飞，至少也应该第一批放单飞。当这个目的没达到时，就由非常自信变得非常自悲，对自己失去了信心。脑子里只有自己的得失，而忘了学飞行的根本目的是为中国妇女争光，为人民服务。抱着个人打算学飞行，再聪明能干，一遇到困难也会砸锅。伍竹迪想明白后，决心丢掉包袱，轻装上阵，她很快也放了单飞。

女飞行学员中，有13人都相继放了单飞，只剩黄碧云一人迟迟放不了单飞。理论学习阶段她就差点被淘汰，没想到外场飞行阶段她又成了老大难。领导和教员替她着急，姐妹们为她着急，她自己更着急。眼看着其他姐妹都独立驾驶飞机在蓝天自由翱翔了，而自己还得由教员带着才能上天。那段时间她苦恼极了，担心自己飞不出来，为此她难过地哭过多次。经过一段时间的努力，她仍然放不了单飞，她彻底失望了，她给连指导员写了一个条子："我没有飞行的天才，干不了这一行，别再浪费国家宝贵的航油和航材了，还是让我继续学机械吧！"看她失去了信心，指导员一方面找她谈心，非常关切地对她说："党有决心把你培养出来，你自己为什么还缺乏信心呢！一个革命战士，要像柳树枝一样，插到哪里就在哪里生根、发芽、成长。"另一方面召开由其他13名女飞行学员和所有教员参加的"会诊会"，发挥集体的智慧，从思想和技术两个方面帮助她。经过"会诊"重新使她树立了信心，她终于放单飞了。她在《我怎样学会了飞行》一文中，详细描述了她放单飞时的喜悦心情："记得第一次驾驶着飞机在空中单飞的时候，我是多么兴奋愉快啊！我终于能自己单独驾驶飞机了。一切由我自己来掌握，我要好好地飞，稳稳地飞。美丽的河流、村庄向我面前迎来，白云从我身边轻轻掠过去，我真想唱歌啊！"放单飞了，黄碧云高兴了，笑了！教员比她还高兴，笑得比她还欢！她第一次单独飞行的时候，教员站在跑道头，两眼一直盯着她驾驶的飞机，当飞机平稳落地后，他兴奋地在草地上打起滚来。

14名女飞行学员飞完初教机课目后，她们又飞了日制双发"99"式高教机，也都先后放了单飞。1951年11月30日，14名女飞行学员经过速成训练，理论和飞行考核成绩合格，全部毕业。她们创造了奇迹，仅用7个多月就走完了一般需要两至三年的飞行员成才之路，成为新中国首批女飞行员。

二、受阅篇

1951年12月中旬,某空军运输师副团长谢派芬率两架苏式伊尔-12型和一架美式C-46型运输机,到东北牡丹江航校接新中国第一批女航空员,包括14名女飞行员和41名女领航员、女通信员和女机械员。姑娘们得知部队派专机来接她们的消息后,一个个喜出望外。当她们来到机场,见到那3架大飞机之后,更是喜上加喜,她们都是第一次见到这些庞然大物,它们比起她们飞过的教练机来,那是西瓜与芝麻之比,相差太大了。每个人心里想:如果我能驾驶这大家伙飞上天该多美。姑娘们告别了给她们插上翅膀的母校,告别了教她们展翅飞翔的教员,依依不舍地登上了飞机,踏上了真正的飞行员之路。

首次载客飞行的真相

姑娘们下飞机后受到部队官兵的热烈欢迎,她们全部编入该师某团新成立的三大队,该大队装备的是不久前从苏联进口的崭新的里-2型运输机。新飞机、新环境,就足够姑娘们偷偷乐了,没想到元旦刚过,又从北京传来了更加振奋人心的新喜讯:1952年"三八"国际妇女节,全国妇联和中国人民解放军总政治部将在北京西郊机场为她们举行隆重的起飞典礼,她们将驾驶里-2型飞机,飞越天安门广场,接受毛主席等中央领导和北京市人民的检阅。

喜讯令姑娘们兴奋,却令领导们担忧,他们都清楚,姑娘们虽然从航校放单飞了,但毕竟都是羽毛未丰、翅膀未硬的雏鹰。她们在航校平均飞行时间才77小时44分,要在不到两个月的时间里完成里-2型飞机的改装训练,飞完起落、编队、穿云、转场等课目,让她们独立驾驶飞机飞越天安门广场,接受中央领导和首都人民的检阅,这比她们航校放单飞困难多了。但这是政治任务,再难也得完成。师、团领导反复研究,决定将太平寺机场作为专用机场,由最得力的领导和最有经验的飞行教员组成突击训练队,进行突击改装训练。负责改装的领导干部是于希和副团长,3名教员是王赐九、杨宝庆、金逸群。其中有留美回国在"飞虎队"参加过抗日空战的飞行员。

成都太平寺机场非常破旧,一条土跑道坑洼不平,突击训练队进驻后,女学员和干部战士、教员一齐动手,将它平整好。机场设备极其简陋,没有导航台,连指挥台也没有。大伙儿找来桌子、凳子,桌上安一部短波电台,作为临时指挥所,指挥飞行训练。

1952年元旦刚过,14名女飞行员的改装训练开始了。在改装训练的这段时间里,从未放过一个可飞天气,春节也没休息,每个飞行日,每人要飞6到8个起落,

☆起飞前听气象员报告天气

最多一天要飞10个起落,在场时间都在8小时以上。训练强度超过了航校,但为了完成飞越天安门的光荣任务,没有一人叫苦叫累,也没有一人掉队。不过,黄碧云又遇到了麻烦。在一次起飞时,飞机还没离地,空中机械员就把起落架收起来了,造成飞机趴地。幸好是土跑道,螺旋桨打地后桨尖没有断裂。如果是水泥跑道,高速旋转的螺旋桨接地后,桨尖立刻断裂,断裂后的桨尖如同炮弹皮一样飞向飞机,切坏飞机机身,击伤机组成员,兄弟部队有过血的教训。事故发生后黄碧云的心全凉了,心想这一次恐怕真要被淘汰了。但领导经过调查分析,认为事故责任人是机械员不是她,并安慰她不要受事故的影响,集中精力飞好下面的课目。

经过一个多月的紧张训练,14名女飞行学员先后放了单飞,都能单独驾驶里-2型飞机起飞降落和飞简单的本场航线了,即将进入编队和转场飞行。

正在这时，志愿军归国报告团来到四川，当他们得知新中国第一批女飞行员正在成都太平寺机场训练时，提出要观看她们训练。原来朝鲜已有女飞行员，朝鲜战争爆发后，她们驾驶轰炸机多次参战，金顺子等人在中朝军队中小有名气，就是她驾驶波-2型轰炸机成功轰炸了汉城。朝鲜女飞行员给报告团成员留下了深刻的印象，他们也想见见祖国的空中巾帼。

他们来到机场后，西南军区空军政委余非和团政治处步云中主任，向报告团介绍了女飞行员的情况，当得知她们"三八"国际妇女节将飞越天安门，接受中央首长和首都人民检阅的消息后，报告团中的一名成员提出要乘坐女飞行员驾驶的飞机。事出意外，原本没有这项内容。怎么办？余政委、步主任他们认真听取王赐九等教员的意见，让她们单独载着客人飞行有无把握，能否保证安全。几名教员研究后说，飞本场起落航线没问题，能保证安全，他们建议由伍竹迪和秦桂芳两人飞，她俩的飞行技术和心理素质最好。给伍竹迪、秦桂芳下达载客飞行任务后，她俩惊喜万分，当即表示一定圆满完成任务。原以为只有那名提出要求的代表一人上飞机，谁知一下子上去了七八名男女代表，余政委和教员们都惊呆了。

伍竹迪、秦桂芳没有辜负领导和教员的信任，她俩沉着镇定，密切配合，柔和操作，飞机飞得很稳，她们在机场上空飞了两圈后，轻轻地降落

☆飞行前的准备

在跑道上。太精彩了，报告团的成员下飞机后，都翘起大拇指冲两位姑娘夸道："中国女飞行员了不起，飞得很好，不比朝鲜女飞行员差！"接着是一阵热烈的掌声，在场的所有人都为她俩鼓掌庆贺。

一次意外的飞行，书写了中国妇女一页新的历史，新中国女飞行员第一次载客飞行圆满成功！（有报载称首次乘坐新中国女飞行员飞机的是朝鲜劳动模范代表团，这是误传，为了澄清事实，作者查到了步云中1982年3月6日发表在《中国青年报》上的文章，他是决定此次飞行任务的领导者之一。）

飞完起落航线课目后，大家进入编队训练。开始飞的是品字形，6架飞机组成两个品字。这种队形对左后方僚机机长的技术要求很高，因为里-2型飞机是左右座双座飞机，左座机长的视线被副驾驶挡住了，很难看到长机。训练了几天后，进展不大，大家总是保持不好距离。可是眼看受阅的时间快到了。经过领导和教员反复研究，认为根据她们目前的驾驶技术和飞行经验，短时间内很难飞好品字队形，决定采用单机跟进队形。这一符合实际情况的改变，保证了受阅的如期举行。

经过33个飞行日的艰苦训练，14名女飞行员完成了起落航线、单机跟进编队、转场等课目。还初步掌握了云中飞行、单发等飞行技术。2月底，她们驾驶6架里-2型飞机，顺利转场到北京西郊机场，准备执行受阅任务。

"三八"起飞典礼的盛况

离三八国际妇女节越来越近，受阅进入倒计时，可是机组名单迟迟定

不下来,参加受阅的里-2型飞机只有6架,每架飞机只需要两名飞行员,总共只需要12名,而第一批女飞行员有14名,这就意味着有两人不能参加受阅飞行。新中国第一批女飞行员的起飞典礼,在中国历史上是第一次,具有重大的历史意义,对每一名女飞行员来说也是一生中的大事,都强烈希望自己能驾驶飞机飞越天安门,接受中央首长和首都人民的检阅。可是总得有两人不能参加受阅飞行,谁不飞?一些飞得好的姑娘,如秦桂芳、伍竹迪、阮荷珍她们很自信,知道不会被淘汰,而黄碧云和武秀梅就不同了,在航校黄碧云是最后一个放单飞的,改装训练自己虽然跟上了进度,最终也放了单飞,但也是靠后的,而且还发生过事故。武秀梅在航校和改装训练中,掌握技术都较慢。她俩担心自己被淘汰,但还是希望能驾驶飞机飞越天安门。她俩怀着矛盾的心情,等待领导公布机组名单。

　　领导根据航校和改装飞行的表现,经反复研究决定黄碧云和武秀梅两人不参加受阅飞行。当真的知道榜上无名后,虽早有思想准备,但黄碧云

☆刘亚楼司令员看望女航空员

还是跑到厕所里哭了一场。不能驾机飞越天安门是黄碧云的终生遗憾，然而哭过之后，她进行了反思，认为领导的决定是正确的，自己虽然不能亲自驾驶飞机参加受阅，但领导也将她编入了机组，让她也上飞机，并参加一切受阅活动。领导做她的思想工作时，她已想通了，当即表态道："你们当前要做的事情很多，不必为我的事分心，我能正确对待。"武秀梅也是如此，写本书之前我特别问了武大姐当时的感受，她说："那个年代我们都很单纯，没现在年轻人那么复杂。不能驾机参加受阅飞行当然感到遗憾，但总得有人不飞。我当时的飞行技术的确不如秦桂芳她们，领导的决定是正确的，我与老黄都没意见，自觉服从。"她俩虽然没能亲自驾机飞越天安门，留下了终生的遗憾，但她俩并没有因此影响以后的飞行，相反更坚定了在飞行技术上赶上众姐妹的决心。此次的遗憾造就了她俩日后的辉煌。

6个机组的飞行员名单最终敲定为：1号机左座周映芝，右座邱以群；2号机左座陈志英，右座施丽霞；3号机左座阮荷珍，右座周真明；4号机左座王坚，右座何月娟；5号机左座伍竹迪，右座万婉玲；6号机左座秦桂芳，右座戚木木。一切准备工作都已就绪，通过了刘亚楼司令员和苏联专家的考核检查。但在要不要教员上飞机保驾的问题上，姑娘们与领导发生了尖锐矛盾。一听说要让教员上飞机。班长周映芝先急了："不行，不行，教员上飞机，群众以为是他们飞的，谁要上去，就把他关进厕所里。"其他姐妹也反对教员上飞机。她们的意见有一定的道理，教员上飞机，的确容易引起误会。但是领导经过再三慎重考虑，还是决定让教员上飞机，因为她们的改装训练才两个来月，从1951年4月开始学飞行也不到一年，飞行经验和紧急处置能力都有限，而飞越天安门需要绝对安全，万无一失。

☆邓颖超和苏联大使夫人与女飞行人员在机场合影

她们的教员全都是经验丰富的老飞行员,飞行时间都在3000小时以上。有他们在飞机上能确保在任何情况下都安全圆满地完成受阅任务。但他们上飞机后不上驾驶员座位,无特殊情况不操纵飞机。为了不引起外界的误会,教员上飞机一事决定不对外声张,直到在写作本书笔者采访几位大姐时,她们才说出了真相。女飞行员驾机飞越天安门,是史无前例的大事,刘亚楼司令员非常重视,受阅的前几天,他亲自带着苏联顾问,了解检查她们的准备情况,亲自收集气象资料,逐架了解飞机机械、特种设备的检查情况,并给她们做临战动员:"你们明天参加起飞典礼,不仅对人民空军有很大的意义,对全国妇女的解放运动也有很大意义。"他鼓励她们既要认真准备,但又不要过度紧张,平时怎么练,明天就怎么飞,相信大家一定会圆满完成任务。苏联顾问也检查了每个机组的准备情况,查看了地图,仔细询问了航线。司令员和顾问对她们的准备工作很满意。

1952年三八国际妇女节这一天,北京西郊机场红旗招展,歌声飞扬,一派节日景象,一清早,首都各界妇女代表7000多人骑着自行车,有的甚至徒步,从四面八方涌进机场,参加在这里举行的新中国第一批飞行员的起飞典礼。参加起飞典礼的外宾有苏联、罗马尼亚、保加利亚、匈牙利、蒙古、巴基斯坦、缅甸、印尼、波兰、印度、朝鲜、捷克斯洛伐克驻华大使夫人或参赞夫人等50多人。

10点20分,起飞典礼正式开始,朱德总司令员、全国妇联副主席邓颖超、李德全等领导人进入会场。女航空员们

☆女航空员代表戚木木发言

席地而坐,聆听朱总司令、邓大姐、75岁的何香凝老大姐、总政副主任肖华、空军司令员刘亚楼、苏联大使馆一等秘书邵鲁诺夫夫人的讲话。朱德、邓颖超、何香凝都在讲话中对女航空员所取得的成就,给予了高度评价。朱德指出:"我们早有了女拖拉机手,女火车司机,现在我们又经过两年的培养,训练出了新中国第一批女航空人员。她们都是我们新中国妇女的光荣,也是我们解放了的妇女的榜样。"

邓颖超在讲话中强调:"女航空员在我们祖国的首都北京的天空,举行飞行表演,这是过去旧中国所不可能有的事,只有在新中国,才能出现这样的新人物,新事情。……这些事实,也证明了只要我们妇女打破自卑感,有信心、有勇气,自强不息、努力学习、坚韧奋斗,我们妇女是同男子一样,一切工作都可以做,而且能够做得好的。"

何香凝也指出:"……今日第一批女航空人员的光辉成就,证明了新中国妇女都能学习掌握近代国防建设技术。全国各界青年妇女,都应该以她们作为榜样。"代表女航空员发言的是戚木木,她向到会首长和各界妇女代表简要汇报了她们飞上蓝天的艰难经历。最后她表示:"是党和毛主

席耐心培养我们,给了我们无穷的力量,今天我们有了人民的国家,在我们妇女面前有了广阔的道路。我们应该在党和毛主席的领导下,在祖国各项建设事业中,更多地贡献出力量。"①

随后学生代表、教员代表相继发言。他们发言后,一群女少先队员向女航空员献花。其中有一个清秀的小姑娘,望着神采奕奕的女飞行员,异常羡慕,立志长大后也要当一名飞行员。经过多年刻苦学习与锻炼,她的梦想实现了,她就是与我同一批的女飞行员黄秀清。她在蓝天翱翔了30多个春秋,与我同年停飞退休。

起飞典礼仪式结束后,朱德总司令、邓颖超大姐、李德全大姐在肖华的陪同下,分乘两辆敞篷吉普车检阅了女航空员队伍,并与她们合影。

☆朱德总司令与女航空员合影

---

① 以上讲话均摘自1952年3月9日《人民日报》。

11点45分,3颗表示开飞的绿色信号弹窜上天空,女航空员们胸佩大红花按计划登机开车。周映芝驾驶第一架飞机离开停机坪向跑道缓缓滑去。其他5架飞机也都依次向起飞线滑行,等待起飞的命令。这时塔台指挥员按起飞顺序询问每架飞机是否做好了起飞准备。

"太阳,01号准备完毕可以起飞!"

"太阳,02号准备完毕可以起飞!"

当呼叫03号机时,却听不到阮荷珍的回答。原来由于紧张,不知是阮荷珍还是周真明的手指不自觉地按在电台的发射按钮上(里-2型飞机的电台发射按钮在驾驶盘上),电台处在发射状态,听不到指挥员的声音,指挥员见她不回答,便再次高声呼叫:"03号,准备情况怎么样?听见请回答。"但03号仍然没有回音。这

☆女飞行员驾驶6架里-2型飞机飞越天安门广场

时不仅塔台上的指挥员和工作人员紧张了,其他5架飞机上的姐妹们也紧张了,不知3号机发生了什么问题。好在她俩很快冷静下来,松开了发射按钮,顿时耳机里传来了指挥员焦急的声音:"03号,太阳呼叫,准备情况怎样,请回答!""太阳,03号准备完毕,可以起飞!"这时所有为她们着急的人才松了一口气,受阅飞行没受影响。

12点15分，在一片欢呼声中，在万人瞩目下，1号机离地而起，直上云霄。紧接着其他5架飞机也依次平稳起飞。此时，机场沸腾了，欢呼声震天动地，人们朝腾空的飞机挥手致敬。她们的飞行航线是：西郊机场－丰台－杨村－通县－天安门－丰台－西郊机场。

下午1点10分，女飞行员们驾驶6架墨绿色里–2型飞机，以单机跟进队形准时出现在天安门广场上空，接受首都群众的检阅，此时此景，不亚于开国大典时人民空军机群通过天安门时的盛况，人们仰望空中的铁鹰欢呼跳跃，忘情地挥舞着手臂，他们为新中国拥有女飞行员而自豪、而骄傲。当飞机飞临天安门广场上空时，女飞行员有着不同的心情，伍竹迪在《飞越天安门》的回忆文章中，真实地描写了她当时的复杂心情。"当我的飞机到达切入点时，内心激动万分，我多么想饱览一下伟大祖国首都的全貌，多么想与聚集在天安门广场观看我们飞行的群众招手致意，多么想向在中南海检阅我们飞行的毛主席及其他中央首长致敬啊！但是，我不能，我必须保持好飞机的状态，丝毫不能懈怠，为了人民和中央首长的安全，我必须全神贯注，做到绝对安全，万无一失。"

下午1点20分，6架飞机陆续返回机场，全部平稳降落。女飞行员们将飞机滑回停机坪，关掉发动机后走下飞机。此时西郊机场成了欢腾的海洋，各界妇女代表似潮水般涌向从天而降的仙女，给她们献花，拥抱她们，将她们高高抛起。欢腾的场面久久不能停息。

二、受阅篇 SHOUYUEPIAN

中南海里的经典对话

起飞典礼成功了,女飞行员们沉浸在幸福的回忆之中,热烈的掌声、欢呼声,疯狂的拥抱、高抛,强烈的荣誉感、成就感,使她们那颗已升于云端的心,久久地落不下来。但是她们还不满足,她们还有一个最大的心愿,希望能见到将她们送上蓝天的铺路人毛泽东主席与其他中央领导人。

3月24日午饭后,负责组织指挥受阅飞行的于希和副团长来到女飞行员宿舍,向她们宣布,当天下午,毛泽东主席、刘少奇副主席和周恩来总理要在中南海接见全体女航空员。喜讯一经宣布,姑娘们顿时像疯了一样,又蹦又跳,有的将帽子抛向空中,还没见到毛主席,幸福的热泪就禁不住涌了出来。这时却急坏了黄碧云,原来处于高度亢奋状态的黄碧云,这天上午突然晕倒,姐妹们将她抬到宿舍,请医生给她看病,医生给她看病吃药后让她好好休息。卧病在床的黄碧云一听毛主席要接见她们,是又兴奋又着急,当即从床上爬起来对副团长道:"我的病好了,我也要去见毛主席。这是我一生中最难得的机会,错过了无法弥补。团长让我去吧!"说完她走了几大步给副团长看,证明她真的好了。副团长看她这股劲头,而且她说得也对,的确是机会难得,错过了确实遗憾,便同意让她参加。

姑娘们很快按要求穿好飞行服,戴好飞行帽上了汽车。她们先到东郊民巷空军司令部大院,在一间大会议室里,刘司令员进行了简短动员,要求她们一定控制好激动的心情,听从指挥,遵守纪律,保持安静。刘司令员讲完话后,即带领她们乘车前往中南海,汽车经新华门径直开到颐年堂前，下车后她们进到院内，排成整齐的队伍，静静地等待毛主席和其他中央首长的到来。3点20分，毛主席身着中山装，戴着帽子，从东侧门健步走向女航空员队伍。一见毛主席高大的身影，姑娘们先是给毛主席敬礼，然后激动地高声喊着"毛主席好！毛主席好！""毛主席万岁！毛主席万岁！"毛主席则微笑着向她们频频招手。毛主席与刘亚楼司令员握手时问：她们都成器了吗？

刘司令员回答道：都成器了，能单独执行任务了。

毛主席听后很高兴，并语重心长地对刘司令员道：要训练成人民的飞行员，不要训练成表演员。

这时刘少奇副主席从另一侧门走了进来，接着周恩来总理也从正门进来了。

周总理一进来便笑着对毛主席道：她们的自尊心很强啊！听说教员要上飞机，她们要把教员关到厕所里。

毛主席听后爽朗地笑了。

周映芝在航校时，是女飞行学员班的班长，飞越天安门时她是第一架飞机的机长，参加中央首长接见时，她被安排在整个女航空员队伍的第一排第一位。毛主席和刘副主席在刘司令员的陪同下来到她的面前，这时的周映芝激动得心都快蹦出来了，浑身微微发颤。毛主席笑着问她：你能把飞机开上天吗？

她当即再次给毛主席敬礼并非常自信地回答道："报告主席，我能！"

毛主席听后很高兴，连声夸赞道：好！好！并接着问道：你在飞机上能与地面说话吗？

周映芝答道："可以通过无线电台与地面联络通话。"

这时站在一旁的刘亚楼司令员问周映芝："你带没带喉头送话器？"临出发前于希和副团长让女飞行员穿飞行服，戴飞行帽，喉头送话器与飞行帽是联结在一起的。

周映芝忙答道："带了。"她迅速从飞行服口袋里掏出黑色的不大的喉头送话器，将它接在飞行帽的插头上，然后将喉头送话器在脖子上系好。系好后，她给毛主席简要介绍了它的用途。飞行员飞行时，双手要紧握驾驶盘，不可能手拿话筒与地面联络。喉头送话器就是贴在飞行员喉头上的话筒，飞行员只要按下驾驶盘上的发射按钮，飞行员的话就可以通过喉头送话器输到电台的发射机，再由发射机传到地面。毛主席一面认真地听着，一面笑着点头。周映芝不再那么拘谨了，说话也自然多了，摄影师拍下了这一动人的画面，周映芝一直收藏着这张极为珍贵的照片。正巧，这时有几只小鸟从空中飞过，毛主席便指着那群小鸟对周映芝她们道：你们是学了它的。

毛主席笑了，大家都笑了。

这时，侯波摄影师架好了照相机，毛泽东主席、刘少奇副主席、周恩来总理要与全体女航空员合影。这一刻对女飞行员来说是终生最幸福的一刻，也是最难忘的一刻。

三八国际妇女节的起飞典礼，毛泽东主席、刘少奇副主席、周恩来总理的接见，给新中国第一批女飞行员带来了荣耀，也带来了动力。毛泽东主席"要训练成人民的飞行员，不要训练成表演员"的教导，成了女飞行员的座右铭，时刻鞭策着她们穿云破雾，奋勇向前！

中央领导人接见女航空员不久，刘亚楼司令员再一次来到西郊机场，召集她们开会。他首先告诫大家，你们为党、为中国妇女争了光，党和人

民给了你们最高的荣誉，你们一定要戒骄戒躁，遵循毛主席的教导，做人民的好飞行员。最后他重申："党培养你们掌握了技术，花了不少钱，下一步该你们还本了，你们还得写保证，5年内不能谈个人问题。"他指着于副团长说，"他都30大几了，不也还没结婚嘛！你们着什么急。"司令员的话带来一片笑声，事后，全体女飞行员又都写了保证书。

一幅宣传画引出的奇缘

新中国第一批女飞行员的起飞典礼，以及中央领导人的接见，在国内外引起了强烈的反响，对女学生的影响尤为深远。事后，不少女学生给她们写信、写文章，决心以女飞行员为榜样，好好学习，锻炼身体，长大后报效祖国。东欧在清华大学学习的8位女同学在文章中写道："中国妇女在解放后短短的时期中，取得了巨大的成就，她们的成就并不比男子逊色。……我们深信，为了世界和平和儿童的幸福，她们一定会很好地完成她们的任务。"诗人之光在《为新中国女航空人员的诞生而欢呼》一诗中写道："你们已经给祖国的历史创造了新的事迹，给党增添了光荣，给中国人民带来了骄傲！"[①]

伍竹迪机组起飞前在飞机前的合影，被制作成宣传画，由新华书店在全国发行。该画深受青少年的欢迎，他们纷纷前往书店购买。为啥要将她们机组的照片制成宣传画在全国发行？自然是她们平时表现优秀，当天飞

---

① 文章与诗均摘自《新中国妇女》1952年第4期。

得精彩，可做全国青年的表率。除此之外，就是伍竹迪的形象俊美。她头戴飞行帽，一对又大又亮的太阳镜，紧紧扣在秀发之上，虽掩去了少许女性的柔美，却增添了"女飞"的特有风采；她身穿的毛领皮飞行服，胜过古代穆桂英、花木兰、梁红玉、樊梨花等巾帼的戎装，比她们显得更加英武；椭圆形的面庞上凝聚着刚毅、坚强；一对剑眉高挑，直插发鬓；两只深邃的大眼瞩望蓝天，似乎告诉人们那里就是她驰骋的疆场。正是这幅带有几分神秘色彩的宣传画，影响了不少青年人的命运，还引出了一段奇缘。

☆以伍竹迪机组为画面的宣传画

我老伴何孝明是湖南桃源县人，1952年在桃源一中上学。有一天，他在县城的书店里看到一张宣传画，上面有女飞行员和飞机。他从小就迷恋飞机，对飞机和飞行员有一种特殊的神秘感。每当有飞机从头顶飞过时，他总要仰望很久，直到飞机从视野里消失。当从报纸上看到女飞行员驾机飞越天安门的消息后，他就分外崇拜女飞行员，认为她们都是会飞的神女。

因此,尽管囊中羞涩,一见那张宣传画,他还是毫不犹豫地买了下来,挂在床头的墙上,每天都要瞧上几眼,画上的女飞行员成了他的偶像。他立志,长大后也要像她们那样,驾驶飞机,驰骋蓝天。

1956年年初,空军到桃源招兵,何孝明抓住难得的机遇,报名参军,经政审体检合格后,如愿以偿地穿上了空军军装。先到河南信阳第七预校学习,不久转到四川成都十三航校学无线电专业。虽没当上飞行员,但能与飞机打交道,也算实现了一半理想吧!因此他学习积极性特高,毕业考试各科成绩均优,被评为全优学员。毕业分配时因成绩优异而被分到北京西郊机场专机部队工作。

学员大队领导宣布名单后,他异常兴奋,不仅要到渴望已久的首都服役,还能见到画上的女神们,真是天遂人愿,他激动得彻夜无眠。

他到西郊机场后分在三大队,与陈志英、秦桂芳、阮荷珍、武秀梅、周真明、邱以群一个大队。伍竹迪、何月娟、黄碧云、万婉玲等在二大队。由于成天和她们在一起工作,慢慢比较熟悉了,神秘感虽随岁月的流渐逐渐消失,但真实的敬佩之情日渐加深。

1959年年初,我从航校毕业后,先是分在徐州,不久也调到北京西郊机场,与何孝明一个大队。有一次,我们俩出公差,为盖家属宿舍的泥瓦匠师傅打小工。休息时,聊起了苏联卫国战争时期的魔女飞行队,我发现他对外国的女飞行员也很熟悉,便不解地问他:"你对世界各国的女飞行员怎么都那么了解?"

"因为我从小就崇拜女飞行员,对女飞行员进行过比较深入的研究。"他接着给我讲了那张宣传画的事,直到这时我才知道伍大姐的形象上过宣传画。

不久，部队由团扩编为师。我与何孝明都调到了沙河机场，这时我与他已建立了恋爱关系，他在二大队，我在三大队。伍大姐是我们大队的副大队长，成了我的直接领导。不久，部队大搞突出政治破四旧，开始收缴销毁中外文学名著，说那都是封资修的大毒草。何孝明喜欢看书、买书，收藏了不少这类图书。"焚书"中，他成了不突出政治的反面典型，不仅所有藏书被收走了，还小会大会挨批。我与何孝明谈恋爱，本来就有人反对，说我是天鹅自己往癞蛤蟆嘴里飞。当时我俩的条件差距的确不小，我是中尉副连飞行员，他只是个刚提少尉正排的地勤人员。何孝明挨批斗后，有些好心的领导和同志，又来劝我与他断绝恋爱关系，说他是绑在我"翅膀"上的一块大石头，不甩掉他，会影响我飞行，影响我一辈子。然而伍大姐不同，她很慎重地对我说："现在查书收书不是针对何孝明一个人，因为上级下发了文件。你和孝明相识也不是一两天了，你应该了解他，相信他。他现在心情一定很沉重，我倒是希望你多安慰他，关心他。我相信他会珍惜你对他的感情，只要有你的信任和爱情，他一定能够写好检查，通过领导和群众的批判关。晓红，我希望你坚强一些，与孝明共同挺过这一关。"伍大姐的话，更加坚定了我与何孝明相爱的决心，使我们的感情没受到收书风波的影响。后来我常对老伴开玩笑说，你当年买的不是一幅宣传画，而是请了一尊保护神。

1965年秋，我离开沙河机场，调到西郊机场师训练科工作，但我的行政关系一时还没转走，还在沙河。我们原来约定于1966年春节结婚。部队有规定，干部结婚事先要打申请报告，经政治部门审查后方可到地方政府领取结婚证。飞行部队还规定，双方如果都是空勤人员，由男方打结婚报告，如果男方不是空勤人员，则由女方打申请结婚报告。孝明不是空

☆作者老两口与小孙女在密云水库

勤,必须由我打报告,可是我远在西郊,加上年底,科里工作很忙,没有时间回沙河办理结婚手续,而婚期又快到了。正巧这期间孝明在上海接收飞机,不在部队。为了不误我们的婚期,伍大姐与她爱人程宝海热情地帮忙想办法,她爱人正好是孝明所在大队的政委。两人商量后决定,由伍大姐替我向团政治处写结婚申请。就这样我与孝明的婚礼在1966年1月19日如期举行。

14年前孝明买回画上的主角伍大姐,竟帮他娶回了我这个女飞行员媳妇,留下了一段人间佳话。至今每次与伍大姐相聚,她总以媒人自居。老伴一生自买回那张宣传画后,就与女飞行员结下了不解之缘。从小他崇拜女飞行员,成年后又爱上女飞行员,后来又写女飞行员的故事。他发表的文学作品,题材大多数与女飞行员有关,他出版的第一部长篇小说的书名就叫《女飞行员》。2011年6月,我老伴何孝明去天津看望年近八旬的伍大姐老两口,一进他们家,首先跃入他眼帘的便是那幅给他带来一生幸福的宣传画,它端端正正地挂在客厅的墙上,近60年的时光,并没有冲淡它的颜色,它风采依然,仍是那么光彩夺目、令人仰慕。由于见证了60年的时代变迁,它显得更加厚重,更加庄严。

风华正茂,叱咤风云的伍竹迪在画上;精神矍铄,笑容可掬的伍大姐在他身旁，此时此刻，此情此景使他心潮澎湃，感慨万千。程政委善解人意，让他与伍大姐站在宣传画前，拍下了一张极为珍贵、充满传奇的照片，以做永恒的纪念。

☆ 59年后买画人（右）与画中人在画前合影

谁会想到，59年后，买画人和画中人在画前合影。这只能用一个字解释，那就是缘！1952年"三八"节女航空员起飞典礼带来的缘，奇缘！

三、专机篇

1955年以后,中央军委赋予第一批女飞行员所在部队的主要任务是专机飞行。自编入该部队后,她们不辱使命,在万里长空,穿云破雾,风雨兼程,载着我国党、政、军领导人和世界各国的友人,飞越万水千山,横跨大江南北。她们在九天之上,画出了一条条闪光的航迹,谱写出一曲曲动人的凯歌,留下了一幕幕难忘的回忆。

笨鸟变成了金凤凰

自进航校到部队改装训练，黄碧云掌握飞行技术都是比较慢的，是只笨鸟。起飞典礼没让她飞这件事，对她的刺激很大，她深深意识到，能驾驶飞机上天，对飞行员来说只是万里长征的第一步，要成为一名毛主席所说的人民的飞行员，为社会主义建设和国防建设服务，必须具备高超的驾驶技术和丰富的航行经验，必须得到领导的信任。到部队后，她笨鸟先飞，虚心向老飞行员求教，只要有机会就上飞机认真观摩他们飞行，事后认真记笔记，总结心得体会。功夫不负有心人，她的飞行技能提高很快。特别是在一次本场训练中因避免了一次重大事故，得到了同行的赞扬与领导的信任。那是一次昼间复杂气象训练，飞机起飞不久便进了云。当时左座飞行员突然产生了错觉，转弯时，一个劲儿地压杆，眼看飞机就要失速了，黄碧云当机立断，果敢地往回压杆蹬舵，使飞机恢复正常状态，保证了飞行安全。事后大伙儿都夸她，平时处事不急不火的她，关键时刻一点也不优柔寡断，是块当飞行员的好料。此后，黄碧云执行了不少军事运输和专机任务。黄代表金色，碧指碧空，云乃白云，黄碧云这只笨鸟，成了名副其实的飞翔在碧空白云间的金凤凰。她创造了两项中国第一。

她是中国第一个执行出国专机任务的女飞行员，越南胡志明主席在河内主席府亲自给她头上戴花。

1955年7月21日，黄碧云在大队长刘发科的带领下执行了送胡志明主席回越南河内的专机机群任务。胡志明主席访问苏联，归国途中路经中国。胡主席乘坐的是苏联的伊尔-14型专机,当时越南的指挥保障专机系统还很不健全,便请在中国工作的苏联顾问组前往河内,负责专机的指挥保障工作。黄碧云他们的任务是送苏联专家组前往河内。这是我国女飞行员首次执行出国专机任务。到河内后,机组被胡主席留下,24日安排他们参观主席府和胡主席的住所,并宴请机组。当时出国人员出国还没有出国服,黄碧云穿的是土黄色的布飞行服,为了第二天的活动,使馆人员为黄碧云找来了一件白衬衣和一条蓝裙子。第二天,她穿着新衣服出现在机组面前时,大伙儿都夸她更漂亮了,"嚯,一个晚上不见,黄碧云由女战士变成时髦小姐了。"大家说得她的脸都红了。

机组到主席府时,胡志明主席已站在门口迎接,他没有一点国家元首的架子,而是一个和蔼可亲的老人,他亲自给机组当导游兼解说员。当他看到黄碧云时异常高兴,让她跟在自己的身边,不时地与她拉家常。胡主

☆胡志明主席(后排右五)在越南河内接见黄碧云(前排右四)

席不仅会说法语，汉语也说得很好。参观完主席府，胡主席将大伙领到了他的住宅，那是一座极普通的三间小平房，里面有办公室与起居室，设施出人意料的简陋，与普通老百姓的家没有多大区别。胡主席住宅门前，种有不少花，他摘了一朵红花送给黄碧云："你是新中国第一批女飞行员，了不起。我们也要培养女飞行员，向你们学习，我把这朵花送给你。"

照相时，胡主席亲自将黄碧云安排在第一排的中间，就在他的前面，并将送给她的红花拿过来插在黄碧云的头上，风趣地说："姑娘头上有了花，更漂亮！"

照完相后，胡志明主席设宴款待中苏两国的专机机组，他将黄碧云安排在主桌，就坐在他的旁边。席间，客人纷纷给胡主席敬酒，黄碧云有些拘谨，不但不敢主动给胡主席敬酒，当胡主席给她敬完酒，让她给大家介绍介绍自己的时候，她的脸涨得通红，不知道说啥好。她的窘态把客人们逗笑了，胡主席忙替她解围："来，吃菜，吃菜！"一边说着一面替她夹菜，并关切地问她多大了，有没有对象等，黄碧云都一一做了回答。

临别，当黄碧云与胡主席握手时，她有些腼腆地小声说道："谢谢胡伯伯，谢谢胡伯伯。"那时，中国的青少年都亲切地叫他胡伯伯。胡主席则打趣道："你这个女飞行员还蛮封建哩！"又是一阵笑声。机组成员也趁机取笑她："胡主席说你封建呢！"

半个多世纪过去了，然而在越南河内的那些场景，黄碧云始终难忘。每当回忆起那段往事，她都会激动不已，她至今仍保留着那张极为珍贵的在河内与胡志明主席的合影。

三、专机篇 ZHUANJIPIAN

她是第一个执行中央领导人专机任务的女飞行员,贺龙元帅夸她是活地图。

从越南回国不久,黄碧云被任命为机长,开始独立执行飞行任务。1958年5月初,黄碧云率机组飞张家口机场,为中央首长的专机打前站,了解张家口机场的天气情况,以确保专机的安全。黄碧云机组在机场降落不久,贺龙、罗荣桓、聂荣臻、徐向前四位元帅和罗瑞卿大将来到机场。贺龙元帅以为黄碧云机组是来接他们的,便走到飞机前,看见黄碧云,贺帅十分高兴地说:"我还没坐过女飞行员开的飞机,今天就坐你开的飞机。"

黄碧云一听急了,赶紧解释道:"报告首长,我是来察看天气的,接你们的大飞机在后面,很快就到。"黄碧云指的大飞机是从苏联进口的伊尔-14型飞机,当时在我国使用的运输机中是最先进的。

"我们要赶回北京开会,不等了,就坐你开的飞机。"

"不行,不行。坐大飞机安全。"

"女飞行员同志,难道坐你的飞机就不安全?"

贺帅机智地一问,使黄碧云一时语塞,不知道该如何回答,她略微迟疑后充满自信地答道:"我们的飞机也安全!但我没有执行送首长的命令。"

"既然安全,那就坐你的飞机回北京,没有命令就

☆贺龙元帅在飞机上看报

让他们给你下命令吧！"他指着机场的负责人说。说完就招呼其他3位元帅上飞机。

经请示上级有关部门同意后，黄碧云驾驶里-2型飞机起飞了。平飞后首先是罗瑞卿大将走进驾驶舱，对黄碧云道："你们的责任重大，一定要保证首长们的安全。"

黄碧云坚定地回答道："请首长放心，绝对保证飞行安全。"

罗瑞卿离开驾驶舱不久，贺龙元帅又走了进来，他笑眯眯地看着机组飞行，当飞机飞越山川河流时，就问黄碧云那些山河的名字，她迅速准确地一一做了回答。平时有些腼腆的黄碧云，回答贺龙元帅的问题时一点也不忸怩羞怯。贺龙元帅离开驾驶舱时，非常高兴地称赞她不仅飞得好，还是一张活地图。飞机落地后，贺龙元帅最后一个下飞机，机组成员在飞机前列队欢送首长。贺龙元帅与黄碧云亲切握手时，再一次夸赞她说："你飞得很好，很平稳，下次我还要坐你开的飞机。"

黄碧云在回忆录中，详细描述了当时她执行贺龙元帅专机任务时的心情："飞机上坐着四位元帅一位大将，我深感责任重大，不仅要保证安全，还要让首长们感到舒适。当时航线上有气流，我就报告地面及时调整高度，仔细精确地选择平稳的气流层，使飞机没有大的颠簸。着陆时，我柔和地操纵飞机，飞机接地很轻，当飞机在调度室前稳稳停下后，我才长长地舒了一口气。"

事过不久，有一天中午，贺龙元帅坐专机从外地回京，专机在西郊机场降落后，贺龙元帅在刘亚楼司令员的陪同下，带着两竹筐水果，专程到空勤灶看望黄碧云。刘司令员一进食堂便高声喊道："黄碧云，黄碧云在吗？贺老总看望你来了。"可惜不巧，黄碧云这天出差在外，贺龙元帅没能见到黄碧云。贺帅让随行人员将水果分发给大家,并与飞行人员一起用餐,吃完饭后他又来到地勤灶,看望地勤机务人员,也给他们送了水果。黄碧云出差归队后,一些空地勤人员和她开玩笑道:"黄机长,你行呀,贺老总都专门来看你。我们沾了你的光,吃上了贺帅送的水果。"一时间,贺龙元帅看望黄碧云一事,在机场成为佳话广为流传。

要说沾光,沾光最大的还是和我一起调入北京的第二批女航空员。由于黄大姐出色地完成了贺龙元帅的专机任务,为女飞行员赢得信誉,也改变了我们18名第二批女航空员的命运。

我们第二批女航空员航校毕业后,除4名领航员分到十六航校当教员外,其余40名全部分到徐州运输机部队。到部队后,我们刚飞了一个飞行日,突然宣布停飞。大队政委召集我们全体女航空员开会,他说:"空军首长指示,因为工作需要,要从你们中间选调18名同志去北京西郊机场飞专机。"

我成为幸运儿,和其他17名姐妹一道调到了北京。到北京的当天晚上,航校负责培养我们的陈志英大姐透露了调我们来北京的内幕。(我们进航校后,陈志英借调到二航校,任学员大队副大队长,分管我们女飞行学员的训练工作。我们毕业后她又回到原单位。)

她说:"调你们来北京,是贺龙

☆黄碧云(右)与作者游长城

元帅的建议。"她接着给我们介绍了黄碧云大姐执行贺龙元帅专机任务的情况。

"前不久,贺龙元帅坐飞机回北京时,在候机室向前来迎接的空军领导,询问你们第二批女航空员的分配情况。当得知你们都去了徐州时,便指示,调一部分来北京飞专机,这样你们才来到了首都。这件事是我和黄碧云一起出席空军积极分子代表会议时,刘亚楼司令员对我说的。因此,你们应该感谢党,感谢贺帅的关怀,也应感谢黄碧云同志。"听完陈大姐的介绍,我暗下决心,一定以黄大姐为榜样,好好飞,不辜负贺龙元帅的关怀与期望。

这以后,黄碧云又出色地完成了一系列专机任务。由于成绩突出,她赢得了很多荣誉。先后出席了空军积极分子代表大会、全国妇女积极分子代表大会、全国建设社会主义积极分子代表大会,受到毛泽东主席、刘少奇副主席、周恩来总理的亲切接见。这个时期是黄碧云一生中最精彩的时期,也是最幸福的时期。

书写传奇的第一女机长

航校初学飞行时秦桂芳就崭露头角,赵赠熊教员给她的评价是:"培养男飞行员,从学飞行开始到放单飞,一般要带飞10至12小时。女学员秦桂芳只带飞8小时,就放单飞了。秦桂芳不仅在女学员中是飞得最好的,与男学员相比,她也是飞得最好的。"航校的特优生到部队后更是如鱼得水,有了施展飞行才华的大舞台。她是新中国第一个独立执行任务的女飞行员，也是第一个女机长。秦桂芳无论天上地上都有一股闯劲，在天上一般人不敢飞的课目她敢飞，不敢去的机场她敢去，不敢承担的任务她敢承担；在地面的运动场上她也是多面手，篮球、排球、羽毛球、乒乓球，样样皆能。特别是在篮球场上，她光着脚丫子敢和男同胞拼抢，玩起命来，谁都畏她三分。冰场上，她时而玩花样，身轻如燕；时而拼速度，飞快似箭。游泳池里，南方长大的她，更是如入水的蛟龙，速度之快，耐力之强，别说是我们女同志，绝大多数男同胞都望尘莫及，她还是教我学游泳的教练。因此，大伙都叫她女闯将，甚至有人叫她"土匪"，有的文章也这么写，对此她非常反感。土匪在中国是个百分之百的贬义词，在老百姓心目中，只有那些杀人越货、打家劫舍、拦路抢劫的坏人才叫土匪。她虽有些"胆大包天"、勇猛泼辣、有点牛脾气，但和土匪一点也不搭边。因此，她强烈反对这个绰号，慢慢地没有人再叫她土匪了，都叫她闯将，蓝天女闯将。

1952年9月29日，是秦桂芳终生难忘的一天。刚刚飞完本场起落的她，还在回味着每一个飞行动作，脸上不时露出得意的笑容，不用问，她今天一定又飞得很精彩。

"秦桂芳，明天你与周映芝带一个机组去石家庄。"大队长给她带来了她日夜盼望的喜讯。"我与周映芝带一个机组？教员呢，他不去吗？"

"他不去，这次让你俩单独执行任务，你飞左座是机长。回头找教员帮助你们好好准备一下。"

"太好了！等的就是这一天哩。"

翌日，精神抖擞的秦桂芳驾驶着铁鹰，迎着曙光起飞了。航行中，她充分运用所学飞行技术和积累的航行经验，准确无误地做着每一个操纵动作，准时将飞机降落在目的地机场，顺利地完成了首次飞行任务，开创了中国女飞行员单独执行任务、为祖国社会主义建设服务的历史，也开启了她飞重要专机的航道。在秦桂芳执行的大量专机任务中，有两次她感到最过瘾。

第一次，她载着14位省委书记在延安历险。

1958年10月20日，正在西安执行任务的秦桂芳，接到了送14位省委书记去延安的专机任务。延安机场是个老机场，跑道在延河边上，偏东西方向，长1000多米。跑道西头有200多米长的保险道，延长线的不远处便是宝塔山，远处的山更高。高度稍低时不能复飞。阮荷珍机组虽试飞成功，证明延安机场可起落里-2型飞机，但因净空条件太差，很少使用。

☆《人民画报》1958年第3期封面上的秦桂芳

秦桂芳敢于冒险，但从不盲目冒险，她的胆大是以心细为前提的。为了将14位省委书记安全送到延安，秦桂芳领着机组进行了认真细致的准备，航行部门还派参谋去延安机场进行了实地勘察。

那天，秦桂芳驾驶里-2型专机，载着14位省委书记从西安西关机场起飞，向着延安飞去。一小时后，专机飞临延安上空，延河、宝塔山历历在目，一览无余。秦桂芳操纵飞机由南向北通过跑道上空，然后做了一个长五边,在两山之间的延河谷中缓缓下降高度。放起落架,放襟翼,一切按着陆程序进行着。正当飞机快要着陆时,一系列意想不到的险情发生了。参谋勘察跑道后所提供的资料上标明,跑道西头200米的保险道上有鸡蛋大小的鹅卵石,而东头没有,飞机是由东向西落地,谁知落地前发现东头也有碎石块(事后查明是参谋记反了方向)。秦桂芳顾不得多想,赶忙将飞机拉起来,让飞机与地面保持一米多高的距离。因为里-2型飞机安装的是两台活塞式螺旋桨发动机,跑道上有碎石,就会被高速旋转的桨叶产生的吸力吸起,打坏桨叶,砸坏机身,击伤机组成员。

飞机飘过200多米的碎石区后,秦桂芳正准备收油门落地,突然发现跑道两侧的人群中有几个不知死活的愣头青往跑道上跑,急得领航员抓着秦桂芳的肩头大声嚷道:"跑道上有人!"秦桂芳明知剩下的跑道长度有限,也深知延安机场低空无法复飞的净空环境,但人命关天,她还是毫不犹豫地将飞机再度拉起,飞机呼啸着从这几个亡命徒头顶飞过,飞机又飘去100多米后才接地,这时余下的跑道不足700米了。而正常情况下滑行距离最少还要有800多米,显然要想在这么短的距离内让飞机停下来几乎是不可能的,除非让飞机打地转或收起落架,让飞机机腹擦地皮。可是这两种办法都不能用,打地转飞机要偏出跑道,冲向人群,造成大量人员伤亡。擦肚皮也不行,不仅飞机要报废,螺旋桨叶断裂后也要伤人,同时飞机会因高速摩擦而起火,14位书记不死也得伤。怎么办?胆大心细的秦桂芳一面踩着刹车,一面机警地观察,她陡然发现,在跑道中心线40度左右的前方,有一道高约1米的土坡,土坡后面是一片平坦宽阔的沙土地。她急中生智,稍稍蹬舵,改变飞机的滑行方向,操纵飞机向土坡冲去。飞机冲上土坡后,她紧紧地把着驾驶盘,略略带了一下机头,不致使飞机冲过土坡时来个"嘴啃泥"。飞机在秦桂芳的驾驭下,越过土坡后,重重地蹾在土坡后的沙地上。耗尽速度的飞机被她停住了,可这一蹾真不轻,前舱除秦桂芳与副驾驶员之外,领航员和机械师摔了个人仰马翻,通信员头碰到顶蓬,痛得嗷嗷叫。秦桂芳顾不得察看机组人员的伤情,赶紧跑到客舱看望14位省委书记。他们一个个都系着安全带,安安稳稳地坐在沙发座椅上,全都安然无恙。秦桂芳一颗悬着的心总算放下了,她深深地舒了口气,然后以歉疚的口吻解释道:"没想到落地时出现那么多意外情况,让各位首长受惊了,真是对不起。"14位省委书记及其他客人,没有一人脸上有不快之色,他们都面带笑容地感谢和宽慰眼前这位帮他们飞越鬼门关的女闯将。

☆2000年秦桂芳(右)与作者(左)合影

"谢谢你,你处置很好。"

"我们坐在飞机上,没感到有什么危险,只是蹾了一下,不要紧。"

秦桂芳后来向我讲述延安历险往事时,颇有感慨地说:"说实在的,当时是真没有空去想什么危险不危险,只是想使飞机尽快停下来。可是事后一想,还真有些后怕,倒不是怕自己的小命保不住,而是为那14位管着半个中国的省委书记害怕,他们都是国家的宝贝,真要把他们给摔了,我岂不成了千古罪人。

这是我以往飞行中,唯一让我出冷汗的一次,也是我飞得最过瘾的一次。因为这不仅是对我飞行技术的考验,更是对我应变能力的一次最好的检验。突然间出现了那么多险情,还保证了安全,我真为自己感到骄傲。"

秦桂芳从不忌讳骄傲二字,因为她为骄傲二字赋予了特定的内涵。她认为,作为一名飞行员,特别是一名女飞行员,就是要有一股傲气,就是要在飞行事业上干出一番值得骄傲的业绩来,要不对不起党和人民的培养,谈不上为妇女争光。

秦桂芳是我改装里-2型飞机的带飞教员,我俩相识、相处和相知已有50多年了。她是我的恩师,也是我最要好的朋友之一,在半个多世纪的岁月里,我从秦桂芳大姐身上所学到的东西,是语言和文字难以表述的。

第二次,急送毛主席亲自签发的炮击金门密令。

在秦桂芳的专机飞行任务中,最紧急、最危险,也是最有意义的一次是送毛主席的密令。

我国大陆解放之后,盘踞在金门、马祖的国民党军队不断骚扰大陆沿海地区。1958年8月,军委命令,中国人民解放军驻福建前线部队于8月23日开始对金门、马祖的国民党军进行警告性炮击。由于这是绝对军事机密,命令不能用通信设备传达,必须将毛主席亲自签发的命令,用飞机准时送到前线指挥员手里。接到这一紧急任务后,团里的几位领导研究机长人选时,几乎都想到了秦桂芳。因为这次任务非同寻常,航线上无论遇到何种艰难险阻,都必须勇往直前,准时将命令送到前线。完成这次任务既要有胆大心细的素质,又要有机智灵活的反应处置能力。几位团领导一致认为,这次任务,非秦桂芳莫属。无论是飞行技术、航行经验、应变处置能力,还是胆略才智、心理素质、身体条件等方面,她都是最优秀的。4

年前,杨村迫降的那组惊险镜头,仍深深地刻在领导们的脑子里。

秦桂芳对飞行有瘾,不飞行手就发痒,一听到发动机响,心里就有一种莫名的亢奋。只要机场有飞行训练,没有她的飞行计划,她也要上飞机,坐在驾驶员的后面,看旁人飞,过飞行瘾。有一次本场训练,本没她啥事,但她又跑上飞机,看他人飞行。那天左座是女飞行员黄碧云,右座是女飞行员武秀梅。秦桂芳坐在她俩后面。

船在江河湖海中行驶,不可能总是一帆风顺,难免要遇到急流险滩、惊涛骇浪;飞机在无垠的天空航行,也不可能都是蓝天白云,也会遇到暴风骤雨,乌云雷电。那天,飞机刚刚起飞,高度只有七八十米,滚滚乌云就迎头扑了过来,飞机很快便被厚厚的、黑黑的云团裹住。当时女飞行员都没飞过复杂气象,但有心的秦桂芳,曾多次随机观看过老飞行员飞"盲目着陆"(不看地标、地物,全按仪表指示飞行)。掌握了一些在复杂气象条件下飞行的技术和处置方法。飞机进云后,秦桂芳便注意观察各种仪表的指示。当她看到地平仪的小飞机已移到最上方,升降速度表上升到10米,速度只有150公里的时候,便急忙叫道:"要失速了,赶快顶杆,保持正常的上升,下面是万寿山。"前座的黄武二人随即稳住杆,使飞机带小坡度右转弯,但飞机仍在云中。这时右座的武秀梅主动提出让秦桂芳到右座上飞,自己下来。秦桂芳当仁不让,毫不犹豫地上了右座。坐到座位上后,她赶忙把飞机稳住。并及时将换人的情况向地面指挥员做了报告,指挥员同意她们的做法。

秦桂芳接过驾驶盘之后,操纵飞机向沙河机场飞去。临近机场时,从云隙中看到了沙河机场,秦桂芳立即请求紧急迫降,但由于天气突变,沙河机场上空也有一架飞机急等降落。指挥员不同意她们先着陆,让她们在机场上空盘旋等待。谁知,屋漏偏遭连阴雨,船迟又遇顶头浪。就在空中盘旋等待的过程中,云中下起了瓢泼大雨,发动机剧烈震动,汽缸头温

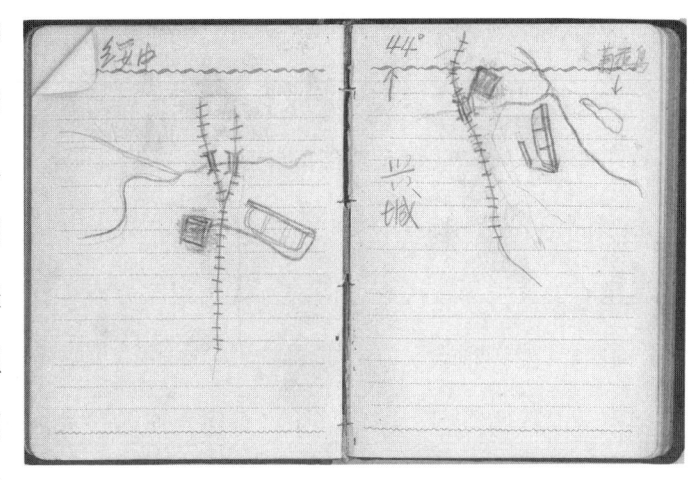

☆秦桂芳自己绘制的地标图

度急骤下降,拉力明显减弱。这些征兆表明,双发可能很快停车。当时,秦桂芳来不及多想,也不知道害怕,她首先关上发动机的鱼鳞片,以保持发动机的温度。然后按照她所积累的航行经验,以及对沙河机场周围地形的了解,猛然调转机头,向着150度方向下滑,准备万一发动机停车就在野外找一块平地迫降。万幸的是飞机下降到700米高度时出了云层,发动机也恢复了正常工作状态。此时,她从湿漉漉的大地上看到了一条铁路,她判断是京浦铁路。于是便放弃了带有极大危险性的野外迫降意图,但她没敢再进云,而是紧贴云层底部,顺着铁路往前飞,最后找到了天津附近的杨村机场,在那里安全降落,避免了一次重大飞行事故。她能找到杨村机场并非瞎蒙,而是基于她对京津地区地形地貌的熟悉。她有个习惯,每到一个新地方,都要把当地有特点的地标画在一个小本子上,关键时候它们就能派上用场。

秦桂芳在杨村紧急降落时,只是羽毛未丰的雏鹰,那时她还没有飞过"昼复""夜复"等高难度的复杂课目,实践经验也有限。那次降落所展示的主要是她的胆略与临危不惧的气质,而不是全靠飞行技术。可是4年

后的秦桂芳已今非昔比,她不仅是一名"全天候"的飞行员,而且还是一名"全天候"的飞行教员了。因此,领导上将紧急送毛主席签发的作战命令的任务交给她,是知人善任的正确决策。

1958年8月22日下午4点,秦桂芳带着密令从北京西郊机场起飞,向福建前线飞去。飞机刚过济南,就发现前方有一锋面正从西向东移动,云层很厚,面积很大,一直延伸到海边。里-2型飞机不比现在的大型喷气客机,现代的空客、波音等,都是密封座舱,最高升限在一万米以上,都能从云层的上面飞越。乘客从舷窗望出,可以看到翼下的茫茫云海,朵朵白云,仿佛是航行在莽莽雪原之上,云峰突起之处宛如座座雪山。可是里-2型飞机不行,它不具备这种性能,它不是密封座舱,最高升限只有5000多米,遇到浓厚云层,它无法飞越,怎么办?为了将密令准时送到,只能从云层中穿越。

☆飞行中的秦桂芳

飞进云层之后,飞机就好似航行在12级风浪之中的一叶小舟,时而被高高地抛向浪尖,时而被低低地压下波谷,飞机左右摇摆达40度~50度,道道电光好似条条金蛇在玻璃窗上乱窜。强烈的雷电波,将通信员潘国昌头上戴的耳机都震掉了。秦桂芳咬着牙,硬着头皮坚持了5分多钟之后,感到不对头,可能要进入雷雨云。那是绝对不能进的,轻者飞机被雷电击伤,重者飞机被劈碎烧毁。在这千钧一发之际,她果敢地调转机头,想尽快脱离云层。又经过15分钟的搏斗,飞机终于飞出了乌云。可是,刚离狼窝,又入虎穴,秦桂芳还没来得及舒口气,又被前方的景象惊呆了。前面,已发展成波纹形的浓积云和积雨云连成了一片。要是执行其他任务,遇到这种特殊的鬼天气,应该返航,或到就近机场降落。可是这次任务特殊,既不能返航,也不能备降,这次她是被逼上了华山,只有继续飞行一条路可走。秦桂芳和机组成员一起分析了当时的天气特点,检查了油量,决定向西绕飞。根据她多年的飞行经验判断,我国的锋面雷雨一般都是由西向东移动。向西绕飞,有可能绕到强锋面雷雨的尾部,较早地避开它。

秦桂芳驾驶着载有毛主席作战命令的战鹰,贴着云层的边沿向西飞行着,直到河南开封,她们才躲过了这片雷雨云。而后再改向东南方向,朝着目的地飞去。华灯初上时,秦桂芳机组准时将毛主席签发的作战命令,送到了福建前线指挥员手中。当晚,她们谢绝了前线指挥首长的挽留,迎着月色,披着星光,胜利返航。

1958年8月23日,福建前线部队遵照毛主席的命令,向驻守金门、马祖的国民党军阵地,进行了警告性的炮击,千万发炮弹,带着道道火舌,飞过大海,准确无误地命中目标,有力地打击了敌人的嚣张气焰,有效地保护了沿海群众生命和财产安全。

震惊中外的炮击金门事件,已经成为历史,海峡两岸已进入和平发展时期,但它的历史地位不可小视。秦桂芳在这一历史事件中的作用,也应被载入史册。

带枪飞行的上海姑娘

上海第十中学,有一条文化走廊,在长长的文化走廊里,有一张18寸的照片分外显眼,她就是身着戎装的阮荷珍。上海十中的前身为上海民立女子中学,是上海四所女子名校之一,它当时的校训是"四实",即为人忠实、作风朴实、学习扎实、身体结实。民立女中提倡德智体全面发展。阮荷珍在这里既打牢了文化知识基础,也锻炼出了健壮的身体,并从此爱上了体育运动。她和秦桂芳、伍竹迪一样,也是运动场上的多面手,球

☆自左至右:伍竹迪、阮荷珍、秦桂芳在青岛游泳场

类、田径、游泳、滑冰样样皆会,她与秦桂芳和伍竹迪的不同之处在于她的强项不是篮球而是排球。她曾入选空军女排,参加过第一届全军运动会。航校时由10名女飞行员组成的排球队夺得过牡丹江市的冠军,她是主攻手,扣球稳准狠。航校那次生病后之所以没被淘汰,也与她爱好运动有关。她的第一次体验飞行之所以呕吐,一是她闻不惯汽油味,另外那天她有点感冒,再加上来了例假。当时队领导的确准备淘汰她,连长找她谈话,征求她的意见,问她不飞行以后想干什么工作。她当时表态:一切服从组织

安排。但教员组不同意淘汰她，特别是主任教官长谷川正和她的主管教员赵赠熊，极力反对淘汰阮荷珍，他们认为阮荷珍体格好，文化程度又高，心理素质也不错，又爱运动，可以继续飞行，他们相信她一定能飞出来。事后，长谷川正亲自带阮荷珍，帮她赶上落下的课目后，才又将阮荷珍交给赵教员带。总之，她病后不仅没被淘汰，反而成了新中国第一个单独驾机升空的女飞行员。领导、教员以及众姐妹的亲切关怀、帮助是主要原因，但与她爱好体育运动也有一定的关系。

我之所以强调阮荷珍喜爱运动的特点，是因为根据我多年的观察，凡爱运动的飞行员，不仅身体素质好，一般飞行技术也很好，空中反应敏捷。第一批14名女飞行员中，秦桂芳、伍竹迪酷爱体育运动，篮球技术超群，她俩的飞行技术也出众。阮荷珍体育方面的技能与秦桂芳、伍竹迪二位相比不相上下，飞行技术也在伯仲之间。她到部队之后执行了大量的飞行任务，她给被围困的灾民空投过食品；给遭受雪灾的牧民空投过粮食与饲料；给志愿军运送过军用物资。除此之外，她执行过大量专机任务，1955年阮荷珍被评为空军二级优秀飞行员。

故事一：首飞延安城

延安老机场的跑道，是1945年毛主席去重庆谈判时抢修的简易跑道，跑道就在延河边上。自毛主席从重庆回延安后，就再也没有降落过像里-2型这样的大飞机。解放后，中央首长回延安都是坐汽车，既费时又劳累。因此中央决定开辟空中航线，启用延安机场。

空军将试飞延安机场的任务交给了专机部队。接到任务后部队领导很重视，选派了最强的机组，机长由副团长刘发科担任，飞行员则是翅膀已硬的阮荷珍。团首长给机组下达完任务后，机组在刘副团长领导下进行了认真的准备，他们针对首航的特点，制订了多套方案。他们的飞行航线是北京—西安—延安。

☆阮荷珍（右三）在延安机场，左三为刘发科

1957年1月4日上午8点多，阮荷珍机组驾驶8225号里-2型飞机，从西安起飞直飞延安，1个多小时后，他们飞临延安上空。延安是革命的圣地，是阮荷珍最向往的地方，今日飞到它的上空，她激动不已，很想多看几眼延安与宝塔山，想从空中寻觅到毛泽东等中央领导人住过的窑洞。但延安机场地形复杂，四面环山，跑道条件很差，又是第一次来这里降落。阮荷珍只有按捺激动的心情，全神贯注地操纵飞机。阮荷珍驾驶飞机在延安机场上空做了一个300米高度的航线，但飞机快进入五边准备降落时，她发现高度太高，飞机有冲出跑道的危险。于是，他们停止下降，又按事先准备的第二套方案，做了一个200米高的小起落航线，做低目测着陆，这次他们成功了，飞机轻轻地落在跑道上。

当飞机在指定地点停稳后,忽拉一下,飞机就被欢迎的人群围住了,顿时机场里聚满了从四面八方窑洞里跑来的老乡。当他们发现机组中竟有女飞行员时,人群更加激奋,不少人高声地呼号着:"女飞行员,女飞行员!"听到喊声,群众如潮水般向阮荷珍涌来,竞相目睹女飞行员的风采。后来在当地工作人员的干预下,机场秩序才逐渐恢复正常。这狂欢的场景,令阮荷珍感动不已,她再一次切身感受到了做一名女飞行员的荣耀。

稍后,当地政府负责人,安排机组参观了毛泽东等中央领导人的故居、中央大礼堂等纪念地。下午,阮荷珍他们从延安起飞返回西安。飞离延安时,阮荷珍望着翼下的山河,兴奋地暗自欢呼道:"革命圣地——延安,我来过了,这是我的幸福!"

他们这次试航的结论是:延安机场的老跑道可以起降里-2型以下的运输机,但净空条件差,降落时应做小航线,目测不能高,以免飞机冲出跑道,为以后飞延安的机组提供了宝贵的航行资料和航行经验。

故事二:协助开辟拉萨航线

1956年5月26日,北京至拉萨航线试航成功。当时各大报纸都报道了这一喜讯。据报载:26日上午9点23分,第一架从北京飞往拉萨的领队运输机安全降落在拉萨附近的飞机场,北京至拉萨航线试航成功。以韩琳为机长的飞行员们驾驶运输机,飞越了昆仑山、巴颜喀拉山、唐古拉山和著名的横断山脉。他们同恶性垂直气流以及零下三四十摄氏度的严寒冰雹进行无数次的英勇搏斗,终于顺利地完成试航任务。北京至拉萨航线试航成功,有力地促进了西藏地区经济、文化等各项事业的迅速发展。

北京至拉萨航线试航成功有新中国第一批女飞行员阮荷珍的一份功劳,她光荣地参与了北京至拉萨的试航任务。在执行任务期间还闹出了一

大笑话。

有一天,阮荷珍机组在西宁机场过夜,当年机场条件很差,没有什么接待客人的招待所。晚饭后,机场工作人员将机组安排在一排旧平房住宿。阮荷珍是唯一的女同志,为了安全起见,将她安排在中间的一间平房里。阮荷珍进房后一看,傻了,房间破旧不说,房门上连个插销都没有,门也关不严实,这可咋睡。她想找人,可是天已黑,人生地不熟到哪里找人?找谁?她一环视,发现屋里有几条长凳,便灵机一动,想出了一个最原始的办法。她将几条长凳摞在一起,顶住房门,长凳顶上还放个盛有半盆水的洗脸盆。放好之后她又仔细检查一遍,感到万事大吉了,正准备脱衣就寝。忽听飞行员邹立升在外面高声喊道:"阮荷珍!阮荷珍!"

阮荷珍在屋内答道:"有!"

"韩师长看你来了!"

韩师长就是前面提到的第一个在拉萨降落的机长韩琳,他是空军某运输机师的师长,也是这次试航任务的领队。他刚执行任务回来,落地之后就赶来看望阮荷珍。他看望阮荷珍有两层意思,其一阮荷珍是从北京来协助他们执行试航任务的,是兄弟单位,他作为领队自然应该探望远道而来的客人,表示感谢;其二,阮荷珍航校毕业后,开始时就分在韩师长手下,当时他是副师长,她曾是他的兵,作为老首长自然也想看看分别多年的老部下。

一听韩师长来看望她,阮荷珍高兴得忙去拆她设置的障碍物。谁知还没等她动手,邹立升推门进来了,这一推不打紧,脸盆摔了,水洒了,凳子倒了,乒乒乓乓响个不停。邹立升与韩师长摸不着头脑,吓了一大跳。后来韩师长找人给阮荷珍房间的门锁安好了。邹立升回部队后把这事儿当笑话讲给大家听。

故事三：给毛主席送文件

有一年，毛主席在上海休养，国务院办公厅经常送文件给毛主席审阅，阮荷珍多次执行送文件的任务。执行这样的任务要求很严，一是必须保证按时送到，因为凡是急需毛主席审阅的文件，都事关国家大事，不能耽误。要做到这一点，要求飞行员必须具备高超的飞行技术和很强的应变能力。阮荷珍在执行任务中，曾遭遇过雷雨和低云天气，她凭着丰富的航行经验和超常的心理素质，每次都化险为夷，安全圆满地完成了任务，多次受到上级的表扬。二是保密规定很严，执行任务期间，不能单独行动，不能打电话，不能探亲访友，更不准回家。

阮荷珍于1932年8月出生在上海，6岁进入上海市圣德小学念书，毕业后考入上海市民立女子中学（现为上海十中）直到参军。1949年7月，她考入华东军政大学后才离开上海，她的童年和少年都是在这里度过的。上海有她的父母、老师、同学和亲友，有她留恋的家、小学、中学和经常玩耍的故地。到上海送完文件后，她们住在市区巨鹿路空军招待所，这里离她家很近，坐公共汽车不到3站地，步行用不了半小时。到了家门口，亲朋好友就在身边，而且自参军离开上海后，她一直忙于飞行事业，还没有探过家。她多么想见到亲人啊！可是阮荷珍严格遵守上级规定，压制着强烈的思亲之情，没有独自迈出招待所半步，她只有利用乘车进出机场的机会，从车窗里向外观望变化着的大上海，寻找儿时的记忆，以满足她的思乡之情。阮荷珍真正做到了三过家门而不入。

故事四：丢枪事件

飞行员带枪飞行并不是什么稀罕事，歼击机、强击机、轰炸机飞行员飞行时带枪是很正常的事。因为飞行时万一在野外或敌后迫降或跳伞，遇到紧急情况可以自卫。但我们部队的飞行员在执行专机任务时不准带枪。自我分到该部队后，只听说过有一次上级给机组成员配发过手枪。那是1965年11月，副师长时念堂机组从昆明接罗瑞卿总参谋长时，机组人员佩带了手枪，这是20世纪60年代后唯一的一次飞行员带枪执行专机任务。但在20世纪50年代初期，由于社会还不安定，匪患没有彻底根除，国民党的残余势力和特务活动猖獗，西南一些少数民族地区，还存在一些叛乱势力。曾发生过一架杜-2型轰炸机迫降后，机组人员被叛匪杀害的惨剧。因此，根据任务的情况，有时给机组配发手枪。

20世纪50年代初有一次，阮荷珍到大连周水子机场执行任务，领导让机组带上手枪。因为长时间不佩带手枪，乍一佩带阮荷珍很不习惯。上午飞机在周水子机场降落后，他们机组住进了机场的军人招待所。吃过午饭后，阮荷珍内急，忙到女厕所小解。女同志不像男同志，方便时不用解系在腰间套有枪套的皮带，而女同志则不然，方便时必须解下腰间的皮带。阮荷珍解下系有手枪的皮带，顺手放到了洗漱台上。由于麻痹大意，上完厕所后阮荷珍忘了拿回手枪，结果闹了个满城风雨。

打扫卫生的女勤杂工，清扫厕所卫生时，发现洗漱台上有一把手枪，当时把她吓坏了，赶忙给招待所值班员报告。值班员认为这是大事，又赶紧报告了政治部，政治部主任让保

☆阮荷珍即将驾机起飞

卫科派人到现场调查，同时通知部队清查枪支保管情况，看是否有人丢枪。保卫科长带着干事来到招待所，一面到现场检查枪支号码，一面询问勤杂工发现枪支的情况，他们要当大案要案处理。

因为平时没有带枪的习惯，阮荷珍丢枪后浑然不知，直到下午机组进场准备返回北京，有个同志发现她没带手枪，便问道："阮荷珍，你的枪呢？"

"枪？天呀！"这时她才记起上完厕所忘了拿枪了，阮荷珍想象不出丢枪会惹出什么大祸，她顿时吓傻了，头轰的一下真的大了，全身的冷汗瞬间冒了出来。飞机马上就要起飞了，而阮荷珍的枪丢了，怎么办？机组的男同志都安慰她，年轻机械员自告奋勇要跑步回招待所找枪，正在这时保卫科的同志坐着吉普车赶来了。原来他们排查发现，部队无人丢枪，经分析，机组在招待所住过，而且机组中有位女飞行员，很可能是她上完厕所后忘了，所以开车赶来了。双方一查对，这枪还真是阮荷珍丢的，双方心中的石头都落了地。保卫科算是破了丢枪大案，阮荷珍找回了丢失的手枪，飞机按时起飞了。

回到北京后，机组讲评时谁都没提这件事，阮荷珍很感激同志们对她的"包庇"。但她经过反复的思想斗争，认为这是件大事，不应隐瞒，不能因怕受处分而欺骗组织，后来她还是给领导如实做了汇报。领导考虑她态度不错，对错误认识深刻，枪也找到了，既没给她处分，也没声张这件事。

阮荷珍当时被吓出的一身冷汗没有白流，丢枪事件让她长了记性，一生没再犯类似的大错。而且她从此与枪结下了不解之缘，爱上了射击运动。在部队举办的不分男女的五一式手枪射击比赛中，她获得了第二名。转业到中国科学院力学研究所工作期间，她被选为科学院射击队队员，代表中国科学院参加了中直机关运动大会，阮荷珍获得了女子小口径步枪射击比赛第一名,并和其他运动员一起,荣获了该项目的女子团体冠军。

故事五:送越南武元甲大将过桂林

1956年9月15日至27日,中国共产党在北京召开了"八大",苏联等46个国家的共产党和工人党代表列席了大会。大会结束后,代表团分别到外地参观。阮荷珍执行了以第一书记为团长的德国统一社会党代表团去上海参观的专机任务。任务完成得很圆满,代表团很满意。团长得知机组中有女飞行员时十分高兴,落地后特地送给阮荷珍一份礼物,以表感谢。

以后,阮荷珍又执行送越南武元甲大将去海口参观的专机任务。那天晴空万里,能见度极佳。飞机过长江后,陪同武元甲大将参观的中方首长告诉机组,飞机经过桂林上空前,告诉客人,武元甲大将要从空中鸟瞰故地。原来武元甲大将抗日战争时期在桂林一带活动过,对秀丽的桂林山水和勇敢的桂林人民留下了深刻的印象,他非常怀念桂林的山山水水和父老乡亲。离开桂林之后他再未回过桂林,今日从桂林上空飞过,他要在空中圆他重游桂林的梦。

☆1952年"三八"起飞典礼时阮荷珍(后排左一)与邓颖超合影

飞机快到桂林上空时,领航员走进客舱,告诉武元甲大将桂林马上就到了。其实不用他报告,客人的脸早就贴在舷窗上,正在鸟瞰翼下的秀丽山河。

桂林以她得天独厚的碧水青山、奇洞秀石名扬天下，本来就很迷人，加上前不久刚下过雨，漓江、象鼻山显得更加苍翠欲滴，清新醒目，酷似一幅美丽的壮锦。武元甲大将也许是被翼下的景色陶醉了，也许是触景生情，思绪又回到抗日战争的烽火年代。桂林已被远远地甩在了后面，而他那张刚毅的脸还紧紧地贴在舷窗上一动不动，像座雕塑。突然一个下降气流向飞机袭来，飞机的颠簸才将他摇醒。

这次任务阮荷珍完成得很出色，飞机在海口落地后，武元甲大将特地向机组成员一一握手致谢，当他与阮荷珍握别时，夸她飞得好。这次任务不仅客人满意，陪同首长也很满意。

阮荷珍大姐在回忆录中写道："为了满足武元甲大将的要求，飞机飞过长沙后，我们报告地面，经同意后，我们的航线向右靠近桂林方向，快到桂林时，我们降低了飞行高度。飞临桂林上空时，我双手稳稳地把握着驾驶盘，使飞机尽量平稳地飞越桂林。临别时客人对我的夸赞，是对我、也是对我们女飞行员的最高奖赏，我感到欣慰，感到骄傲。"

在此之后，阮荷珍还执行了大量专机任务，正当她展翅高飞的时候，一道无情的停飞命令，过早地扼杀了这位蓝天美女的飞行生命。原因何在，下文再叙。

飞越生死线的黄毛丫头

广东，人杰地灵，是杰出人物辈出的省份，也是盛产女飞行员的地方。解放前就出过张瑞芬、欧阳英、朱慕飞、李霞卿等女飞行员。花城广州，更是蓝天之花盛开的城市，解放后仅首批 14 名女飞行员中就有 3 名是广州姑娘，她们是伍竹迪、秦桂芳、王坚，号称花城蓝天 3 枝花。这 3 枝花还不是一般的花，而是 3 朵奇葩，都是女飞行员中的佼佼者。

我到西郊机场时，王坚大姐已调到南苑机场，我们俩人虽不在一个单位，但也直接接触过，那是 20 世纪 60 年代初，我到南苑"一高专"协助他们培养过领航学员，与王坚大姐相处过半个多月，以后也见过几次面，相互也算了解。2010 年 10 月，写书之前，或又专门前往广州，采访了她的老伴龙有光（王坚已于 1998 年病故）。他提供了大量有关王坚大姐飞行方面的文字资料和照片，我对王坚大姐有了更深的认识。

王坚人如其名，性格坚强，作风硬朗，言行中处处透着男子汉的气质，生气时，还会从嘴里蹦出几句粗话。

王坚虽于 1954 年便调离了专机部队，但在她的飞行生涯中也执行过

☆王坚（中间）与各批女飞行员在一起，右二为作者

一些专机任务,其中有一次令她永生难忘,那就是她载着8位将军飞越生死线。

女同志飞专机,刚开始往往得不到首长的信任,王坚就遇到过这种尴尬局面。有一次,王坚机组执行参战部队飞行员转场的任务,师长见她是个姑娘,便皱起了眉头,迟迟不上飞机。王坚知道他不信任自己,心里就有气,也不说话,只用两眼冷视着他,心想:"你敢不坐,贻误了战机看谁挨板子。"不走也不行,那位师长就半开玩笑地对王坚说:"你这个黄毛丫头行吗?可别把我们摔了。"

王坚没好气地答道:"放心吧,我还年轻,可不想陪你们去见马克思。"师长无奈只好带着一群男歼击机飞行员上了王坚驾驶的飞机。一路上王坚飞得很好,飞机很平稳,落地也很轻。当飞机滑到停机坪关车后,乘机的老飞行员们都夸王坚飞得好,那位师长更是佩服地冲她竖起了大拇指,夸赞道:"真不简单,还是女同志飞得好,动作柔和,飞行平稳。开始我有不正确的想法,请你千万别介意。女机长同志,你真棒,谢谢你!"

1959年,王坚接受入闽参战的空运任务。有一次,她执行从北京送一位福建前线副总指挥到前线机场的专机任务。一升空,天空就多云,王坚在云中连续飞行了几小时,快到机场了,气象条件更差,云高只有300米,而周围的山高都在600米以上。机上的首长既着急赶回前线,但又对王坚的飞行技术不放心,几次到驾驶舱询问情况,最后干脆不走了,一直站在她身后。

一般情况下,这种天气条件地面是不让飞机降落的,但这次不同,首长必须赶回前线。王坚虽然没有在这种复杂气象条件下执行过专机任务,但她相信自己有能力安全落地。征得地面指挥员同意后,她凭着飞复杂气象时练就的过硬本事,沉着地按仪表指示穿云下降,从 3900 米一直降到 300 来米,刚穿出云层,飞机便对正跑道平稳落地。这时,一直静悄悄地站在她身后看她驾驶的首长,拍着她的肩头夸道:"小王,你飞得真不错,以后有机会还坐你的飞机!"

从此之后,王坚的驾驶技术,得到了各级领导的信任,领导对她的使用更大胆。

同年夏天,时任空军"一高专"直属中队中队长的王坚,率机组执行了送 8 位将军由西安去南京开会的专机任务。早上 8 点,她驾驶里–2 型客机从西安起飞。起飞不久便进入云中。她操纵飞机爬升到 3000 米后,改平飞。云中飞行对运输机飞行员来说是常有的事,虽然看不到地标地物,但完全可以按无线电罗盘和磁罗盘指示的度数飞行,尤其是无线电罗盘直接接收目标机场导航台的信号,按无线电罗盘指示器指示的零度飞就行。她在云中飞了近 4 小时,根据计算,再过 20 分钟就要到达南京大校场机场了,这时王坚打开了供飞行员使用的 3M 超短波电台,与地面塔台取得联系,她报告了自己的大体位置和到场时间,同时询问机场的气象条件。地面指挥员告诉她,机场云量 10 个,云高 150 米。王坚根据气象条件要求以 900 米高度通过导航台,按复杂气象穿云着陆。但指挥员却回答说,现在有 3 架飞机要落地,让她不要通过导航台按仪表大航线穿云降落,而是

☆王坚在里–2 型飞机的驾驶舱里

直接下降至五边落地。王坚一听急了,她一直在云中按仪表飞行,根本看不到地面,不知道自己的确切位置。再者云高只有150米,而靠近机场东北方向有紫金山,山高447米,她又不知道其他两架飞机的位置,怎么能盲目下降高度呢?她再次要求以900米高度通过导航台,按复杂气象穿云降落。指挥员听后非常生气地高声说:"你无组织无纪律,直接穿到云下。"王坚火了,并骂道:"我长时间在云中飞行,不按穿云图穿云下降,你想叫我撞山吗?我后舱有8位将军,我要保证绝对安全。"

当然她说这番话的时候并没按发射按钮,地面指挥员听不到。王坚再一次要求按机场穿云图穿云下降,但是,无论她怎么呼叫,指挥员再也不理她了。王坚一看时钟,预达时间已超过8分钟了,无线电罗盘仍指示零。难道机场还在前面,不可能呀!王坚感觉不对头。她瞧了瞧无线电罗盘控制盒上的刻度指示表,发现领航员将频率调到了上海虹桥机场导航台,这两个导航台的周率很接近,只差9KC(千周,一小格)。她迅急摇动调谐手柄,调到南京机场导航台的频率上。并立即调转机头,罗盘指示上的指针转了180度后又指到了零的位置。飞了几分钟后,她开始下降高度,突然无线电罗盘的指针飞转起来,同时通信中断。怎么回事?王坚来不及思考,立即又把飞机拉起,脑子里想的是447米的紫金山。此时,仪表板上左面汽油箱的油量表指示红灯亮了,油箱快没油了,只能飞10多分钟了。原来王坚在西安起飞时,是按4小时航程和规定的备份油量加的油。王坚机组已飞了近6小时。

王坚心里有数,她已面临弹尽粮绝的处境。10多条生命和一架飞机的安全全掌握在她的手里,一着不慎,后果不堪设想。她果断地把发动机的油门往后收,以最小的速度保持平飞,尽量节省油料,争取较长的留空时间。

同时一定要穿出云层，在能见地面的情况下，顶多是场外迫降。但一定要避开紫金山。于是她根据磁罗盘的指示度数，往西南方向飞，并开始下降高度。她两手紧握驾驶盘，两眼死死地盯着前方，万一遇到山赶快拉起来。500米，450米，350米……飞机慢慢往下降，她的心也跟着往下沉，头皮开始发麻，因为随时都有撞山的危险。

飞机下降到150米时，天空猛然豁亮了，农田村庄突然出现在飞机的前下方，王坚终于飞出了云层。机组成员都长长地舒了口气，可是这口气还没吐完，右油箱油量表的红灯也亮了，这意味着两个油箱的油都快烧光了，双发即将停车。在这万分危急的关键时刻，她临危不乱，通过观看地貌地标，很快判明了飞机的具体位置，万幸，机场就在不远的前方，她不再呼叫，也不管机场刮的东风还是西风，即以最小的速度飞进机场，也顾不上轻落地了，一进跑道便将飞机落了下去。滑行一段距离后，发动机开始放炮。没滑到跑道头，两台发动机都停车了，两个螺旋桨也停止了转动，好悬！如果在空中多待一分钟，他们很可能回不来了。

当她们在空中紧张时，地面指挥员和塔台上的所有工作人员比她们还紧张。从与王坚机组失去联系后，机场所有雷达都打开了，但均没发现飞机，当时估计飞机失事了，并已通知附近人民公社帮助寻找飞机残骸。那个指挥员知道闯了大祸，吓得话都不会说了。万万没想到，在地面一片恐慌中，飞机飞回来了。当时南空高厚良副司令员表扬了王坚："这么复杂的情况，你能安全地飞回来，真是奇迹。你的处理是正确的，机场指挥员是瞎指挥。"事后查明，造成无线电罗盘故障和联络中断的原因，是南京机场东北方向有个强磁场，飞机飞行高度低时，会严重干扰飞机上的无线电设备。

王坚在南京率机组飞越了生死线，战胜了死神，同时创造了三项之最，即创造了里-2型飞机平飞速度最小(150公里/小时~155公里/小时)、留空时间最长(不间断飞行了6个多小时)、剩余油量最少(零立升)的纪录。

为国捐躯的"大旗"

陈志英有个雅号——"大旗",这个雅号是在她当中队长后,同批姐妹送给她的。陈志英为人正直、热情、乐于助人,当中队长后处处以身作则,起模范带头作用,是女飞行员的一面旗帜,所以大伙儿亲切地叫她"大旗"。陈志英的这个雅号一直被人叫到她人生的最后一天。领导和同志们一直叫她大旗是不无道理的。多次出色地完成空运专机任务,她给建设工地紧急运送过器材,给前线战友运送过弹药和武器。

1954年初春,内蒙古草原遭遇罕见的雪灾,牲畜大批冻死、饿死,不少牧民缺衣少食,挨冻受饿,急待救援。陈志英受命驾机给灾民空投食品、衣物和牲畜的饲料,在恶劣的气象条件下,她克服了空投点难寻,飞机不好操纵等困难,圆满地完成了任务。她是共和国

☆陈志英在塔台指挥飞行

的第一个女飞行中队长,第一个女飞行指挥员,第一批飞直升机的女飞行

员,也是赢得荣誉最多的女飞行员,她多次被评为积极分子,参加过空军和全国妇女建设社会主义积极分子代表大会,1957年国庆节曾被邀在天安门城楼观礼台观礼。她多次受到毛主席接见,以她为首的专机部队女航空员,1960年3月被全国妇联授予"三八红旗集体"的光荣称号。不幸的是,陈志英大姐还是新中国成立后第一个为航空事业献身的女飞行员。

1968年7月25日,团副参谋长陈志英率三架直–5型直升机,执行送一外国军事代表团去天津杨村机场观看飞行表演的专机任务,她是这次机群任务的指挥员。三架直升机中两架是主机,分一号主机和二号主机,另一架为副机。一号主机供代表团团长和陪同首长乘坐,二号主机由代表团成员乘坐。副机由先遣组成员乘坐,包括指挥员、机务保障人员和随团采访记者。

直升机部队驻沙河机场,执行任务的前一天,调机到西郊机场。第二天7点35分,陈志英乘坐3584号直升机先行从西郊机场起飞,向天津杨村飞去,驾驶这架直升机的机长是潘隽如,她是我同一批的女飞行员,也是我国首批飞直升机的女飞行员。小潘航校时与我一个教学组,我俩是好朋友。她不仅人长得漂亮,是我们第二批女飞行员中的大美人,而且聪颖灵巧,接受能力强,不管飞什么机种,飞什么课目,从来没遇到过大难题,她在其他方面也很优秀,所以她是我们这一批姐妹中,第一个被提升为中队长的。

8点15分,小潘与右座飞行员陈祖著驾驶3584号直升机飞临杨村机场,并与地面进行了沟通联络,收到杨村机场的气象条件,准备落地。当她对正跑道,下降高度至300米时,突然飞机操纵失灵,直升机产生左坡度急剧盘旋下降,方向改变了约300度。因故障发生得太突然,高度太低,小潘技术再好，反应再快，也来不及处置，甚至连一句向指挥员报告的话都来不及说，飞机就翻倒在离跑道头只有4公里的地上。除小潘被摔出飞机外，陈志英等9人全被压在机舱里。

直升机失事后，附近的社员立即赶往现场抢救，他们发现小潘后，背着她就要往医院跑，小潘这时还清醒，她十分吃力地指着直升机对救援人员说："先别管我，机舱里还有人。"在送往医院的途中，小潘因内脏出血过多，停止了呼吸，年仅31岁。为了飞行事业，她晚婚晚育，结婚才一年多，还没要孩子。

送走小潘后，社员们望着坠落在地上的直升机干着急，找不到机舱门，虽听到飞机内有响动，说明当时还有人活着，但就是不知如何营救，不知如何将他们从机舱中救出来，正在他们想对策时，飞机起火燃烧起来。这时附近的陆军官兵赶到了，遗憾的是太晚了，坐在机舱里的指挥员陈志英和飞行员陈祖著，特设分队长张云龙与其他两名机务人员以及4名记者全部遇难。中国女飞行员的大旗，为专机事业献出了宝贵的生命，当年她39岁。

对这次空难，中央军委、新华社、空军党委非常重视，一周后，在八

☆以陈志英（拿旗者）为首的专机部队女航空员被全国妇联授予"三八红旗集体"单位

宝山烈士公墓为10名罹难的同志举行了隆重的追悼大会。中央军委、中央办公厅、新华社、空军领导机关和部队的领导及代表,烈士们的亲属和生前好友参加了追悼大会。陈志英等10名遇难同志被授予烈士称号。悼词中对陈志英给予了很高的评价,说她不仅是中国女航空员的一面旗帜,也是全中国妇女的一面旗帜。

陈大姐与小潘牺牲的前一天下午,她俩调机来到西郊机场后,我和她俩还一起游过泳,晚上我还专门去军人招待所看她俩。闲谈中谈到了这次任务。当我问小潘飞哪架飞机,是主机还是副机时?陈大姐替她回答道:"小潘飞3584号直升机,原本想做主机,后来考虑这架飞机比较老,就改做副机了,我明天就坐她的飞机。"

我当时并不明白,陈大姐为啥要替小潘回答,事后我才慢慢悟出了陈大姐的用意,一方面她是安慰小潘,怕她没飞上主机不高兴;另一方面也是给小潘打气,不要因为换机而对3584号飞机的安全性产生怀疑,因为她自己就坐这架飞机。2002年,国内一本影响很大的杂志上刊登了一篇文章,文章中说,3584号直升机原来是2号主机,起飞前陈志英检查时发现它机械部分不理想,于是她临时决定将这架飞机改为副机,由她自己乘坐。文中写道,正是她的这一决定,牺牲了自己,换来了外宾代表团的安全,维护了国家的尊严,空军的声誉等。为了澄清事实,写书前,我询问了陈大姐的丈夫柯庭煌,柯老说,关于志英提出换机的事,他从未听说过。如果真是那样的话,志英就太伟大了。但我们不能编造历史,一定要有依据。他建议我认真查证此事,不可以讹传讹。根据他的建议,本着对历史负责的精神,我专门采访了当时负责这次专机任务的时念堂师长,因为3584号直升机失事,是专机部队自组建至今,唯一一架在任务中坠毁的飞机,执行任务前后的经过,包括每一个细节,老人记得非常清楚。关于陈志英起飞前提出换机的事,他明确否认,说没有这事,3584号直升机从西郊机场起飞时他就在现场。

陈大姐是我的恩师,是我的引路人,她的不幸遇难,使我难以排遣心中的哀痛,很长一段时间总是无精打采、神情恍惚,几乎到了精神失控的程度。由于悲伤过度,陈大姐牺牲不久,我流产了,而且是双胞胎。她的牺牲,不仅是女飞行员队伍的损失,更是中国航空事业的损失。

关于3584号直升机失事的原因,我也请教了时念堂师长。他说,事故的最后结论是飞机操纵系统发生故障。老人还详细介绍了机械故障的部位和部件:"是操纵系统助力装置的分油活塞卡住了某个部位,使直升机失去操纵。"

发生机械故障是偶然的,但有其必然性。那期间正是"文化大革命"的时期,部队虽坚持正面教育,不搞"四大",但是受社会潮流的影响,部队的军政时间比例进行了大调整。军事训练时间被压到30%,政治教育时间占70%。机务人员政治教育时间长,训练时间短,一个星期也上不了一次机场。机械日、换季、发动机定期试车、特种设备定期通电等正常机务维护工作全打乱了,许多行之有效的规章制度、条令条例被取消了。直升机露天停放,日晒夜露,风吹雨淋,一些部件严重锈蚀松动,一些机器因潮湿而产生故障。在这种情况下执行专机任务,带有很大的风险性。对此次任务的风险性,陈志英心知肚明,但她还是义无反顾地接受了任务。虽然从众多直升机中挑了3架最好的飞机,但仍未能避免悲剧的发生。

陈志英大姐人走了,但她这面大旗一直飘扬在万里长空,飘扬在历代女飞行员心头。她这面大旗将世代传承。

四、救援篇

　　我国疆域辽阔,幅员广大,几乎每年都要发生大的洪涝、干旱、冰雪、地震及矿难等灾害。新中国第一批女飞行员,除执行专机任务外,还执行了大量救灾任务。每当发生大的灾情时,只要一声令下,她们就会驾驶铁鹰,顶风冒雨,穿云破雾,将各种救援物资运往灾区或直接空投到灾民手里。她们在历次救援活动中都是冲在最前面,都是救援的重要力量。在抗击各种重大灾害斗争的功劳簿上,都留有她们的芳名。

产后首飞依然神勇

花城三枝空中奇葩之一的伍竹迪,在广州执信中学读书时就是学生会主席,各方面表现优异。入伍到航校后,又一直走在女飞行学员队伍的前列,到部队飞完"四种气象"课目后,她的翅膀更硬了。作为机长,执行了各种空运任务。她的航迹遍及祖国的四面八方,从祖国的心脏到祖国的边陲,从祖国的北国到祖国的南疆,她掠过辽阔的平原,越过起伏的群山。在寒夜里,在风雨中,把粮食饲料、防汛器材等救灾物资送到灾民手里。在救

☆左一为卓娅与舒拉的母亲,左四为伍竹迪

灾飞行中,她屡立战功。苏联《真理报》记者阿·科仁赞扬她的文章小标题就是:"伍竹迪,好样的。"1954年,她光荣地出席了"全国青年社会主义建设积极分子"代表大会。大会期间,伍竹迪有幸见到了苏联卫国战争英雄卓娅与舒拉的母亲,并合影留念。

1954年3月31日晚10点,伍竹迪等女飞行员被召集在大队会议室里,大队长刘发科给她们下达紧急任务:"近几天来,内蒙古锡林郭勒东部牧区连降大雪,牧民及大量牲畜缺乏粮食与饲料,上级命令我们去灾区空投

粮食与饲料。"下达任务后，伍竹迪和机组人员立即进行准备。这次飞行的航线是过去没飞过的崇山峻岭，加上地面被大雪覆盖，看不清地标地物，航道上又没有导航设施，也无法掌握空投点的风向风速，这给寻找空投点带来很大困难。但是经过认真准确的地图作业和精确计算，她们有信心、有决心找到空投点，将救援物资送到灾民手中，将党中央的关怀与温暖带给广大灾民。

翌日清晨，伍竹迪驾驶战鹰，映着晨曦，向内蒙古疾驶。不久，她们就遭遇到高空气流的冲击。伍竹迪稳稳地握着驾驶盘，精心地操纵飞机，使飞机尽量平稳地飞行。按计算空投点快到了，伍竹迪开始下降高度，仔细搜寻空投场地，可是低空气流异常不稳，飞机摇晃、颠簸十分厉害，好似脱缰之马。伍竹迪凭着练就的过硬驾驶本领，驾驭着"烈马"，使它按预定航向行驶。终于，她们在右下方的雪地上，发现了红色丁字布。伍竹迪再次降低高度，在空投场上空盘旋了一圈，终于清楚地看到蒙古族牧民挥动着手中的红旗、衣物奔跑着。这时，伍竹迪控制住自己激动的心情，沉稳地操纵着飞机，看准目标后，她揿响了空投铃，空投员将一包包粮食与饲料投了下去，正好落在红色丁字布周围。伍竹迪一次又一次地通过空投点，直到全部救援物资空投完，才驾机胜利返航，当她飞离空投点，看到牧民们往马车上装粮食和饲料的场景时，心中充满说不出来的高兴。

1957年7月，山东菏泽地区发生了百年不遇的洪灾，到处一片汪洋，人民的生命财产遭到严重威胁。伍竹迪率机组奉命前往救援。那天天气特别不好，阴雨绵绵，能见度很差。伍竹迪没被风雨吓倒，她驾驶着满载救灾物资的飞机冒雨起飞了。她如矫健的雄鹰穿行在风雨之中，她飞越莽莽平原，跨过涛涛黄河，到达目标上空，但她一直在云雨中飞行，无法看到

☆ "花城双骄"伍竹迪（左）和秦桂芳（右）

地面，只好下降高度，穿出云层。当高度由2600米下降到200米还没出云时，她有些紧张，7月的天气本来炎热，加上焦急，头上开始冒汗。因为没有当地准确的气象资料，不知道云底的实际高度，目标附近还有山，不敢再贸然下降，如再下降高度有撞山的危险。她只好将飞机再度拉升，在目标上空盘旋，她一面盘旋一面寻思：不飞出云层无法空投，不实施空投只能无功而返，伍竹迪显然不能让灾民因得不到救援而遭受生命财产的损失。可又不能盲目穿云下降，万一撞山，不仅机毁人亡，灾民照样得不到援助，那样损失更大。她陷入进退两难的境地。伍竹迪不仅是一位有高度责任心的机长，也是一位有丰富航行经验的飞行员，她根据云的形状判断，这种云层不会天衣无缝，肯定会有缝隙，于是她逐渐扩大盘旋圈，寻找云隙，终于发现了一处云缝，她毫不迟疑，一推机头，从云缝中钻了出来。这时才发现，云底高才150米。飞出云层后，她再次飞向空投点，在目视的情况下，将救援物资全部准确地投到了空投点上。

1958年春节前夕，记者采访伍竹迪后以《浑身是劲的姑娘》为题，撰文赞扬伍竹迪："这个姑娘，去年一年，从年头到年尾，不分白天黑夜，不论刮风下雨，一忽儿飞到彩色缤纷的江南，转眼儿又飞翔在千里冰封的北国,毫不亚于大队里那些出色的小伙子。"

社会上之所以有人小瞧女飞行员,其中一个很重要的原因,是女飞行员要结婚生孩子,怀孕生孩子坐月子要耗费女人大量精力体力,影响身体。女飞行员虽然飞上了天,而且飞得很好,但生孩子后还能像生孩子之前那样执行艰巨任务吗?外国的女飞行员生孩子后照飞不误,有的一直飞到80多岁,儿孙满堂依旧翱翔长空。中国女飞行员行吗?这是很多男同胞也是不少女同志头脑中的一个大问号。秦桂芳大姐曾经创造过怀孕7个月还在天上飞行,生孩子前10天还在塔台指挥飞行的纪录,伍竹迪、施丽霞、王坚等也是怀孕五六个月还在飞。我没有这方面的资料,不知她们的这些纪录是不是世界之最。伍竹迪大姐是首批女飞行员中,生孩子后执行飞行任务最多的一位母亲。生孩子做母亲看似无特别之处,似乎也不值得宣扬。其实不然,她是用自己的实际行动回答了上述男女同胞脑海中的疑虑。她的实践证明,中国女飞行员生孩子后不但能继续飞行,而且能执行艰巨任务,照样飞得很精彩,很神勇。

1958年10月,伍竹迪的大女儿出生了,为了集中精力飞行,孩子出生后的第40天就被送到天津,由奶奶抚养。4天后伍竹迪就归队上班了。同年12月30日晚上,大队全体人员欢聚在一起开元旦晚会,正欢歌曼舞地热闹着,大队值班员接到紧急任务:内蒙古乌兰浩特钢铁厂锅炉爆炸,需要焊接的氧气。

知道有紧急任务后,伍竹迪主动找大队长请战:"大队长,让我去吧!"

大队长摇摇头说:"你刚休完产假,身体还没完全复员。而且这次任务非比寻常,要长时间连续飞行,你吃不消。"

"大队长,我能飞!我体检过了,我相信医生,更相信自己。"

"可是，今晚有六级大风，你挺得住吗？"

"这正是考察我的体力和技术的好机会。大队长，让我飞吧！这对我也是一次锻炼，对我将来执行更困难的任务有好处。"

大队长被她说服了，也被她感动了。他最后决定，让伍竹迪和秦桂芳两个女飞行员各带一个机组执行这次紧急任务。命令她俩先到包头机场装上氧气，然后再飞向乌兰浩特，要求务必在24小时内把氧气送到。伍竹迪领受任务后，迅即率机组做好一切准备，零点刚过，她就紧跟在秦桂芳后面，驾驶飞机撕裂夜幕向包头机场飞去。里-2型飞机不像现在的喷气式超音速飞机那么快，平均时速仅200多公里，还赶不上现在的高铁。在包头机场装完氧气，已经是12月31日凌晨了，她们立即起飞，径直向乌兰浩特疾驶。

☆胜利完成任务后的伍竹迪（右）与秦桂芳（左）

乌兰浩特是塞外草原的一座小城，机场是日本帝国主义侵占我东北三省后修建的，只有一条又短又窄的土跑道，也没有导航设备。当天空中气流紊乱，产后第一次执行任务的伍竹迪双手紧紧地握着驾驶盘，与上掀下抛的气流搏斗着，本来就爱出汗的她，由于产后身体还未完全恢复，也由于长时间的连续飞行过于疲劳，内衣都被汗水浸透了。

四、救援篇 JIUYUANPIAN

傍晚,她终于驾驶飞机到达乌兰浩特机场上空。这里机场条件虽然很差,但对胆大心细、技术高超的"羊城双骄"伍竹迪、秦桂芳来说,不过是小菜一碟。她俩针对跑道较短的特点,用低目测的方法,先后安全降落在跑道上。

伍竹迪将飞机滑到停机坪,稳稳地停了下来,当她刚从飞机简易梯子上走下来时,拥上来一群欢迎的工人。一个小伙子正要上前拥抱她时,发现她是女飞行员,激动地回过头去,冲着人群高声喊道:"同志们,快来呀!给咱们送氧气的是女飞行员!"这时,一向大方的伍竹迪,面对工人们一双双充满惊诧、感激、钦佩的目光,她那张颧骨略高,双眼深邃,具有广东姑娘特点的面颊上,也露出了羞涩的红潮。可是谁会想到,已经连续飞行了近10小时的伍竹迪,是位刚刚休完产假的母亲。伍竹迪和秦桂芳谢绝了乌兰浩特机场和钢铁厂领导的一再挽留,卸完氧气又驾机起飞了。

这次飞行,伍竹迪永远不会忘记。1987年3月8日,她发表在《天津日报》的回忆文章中写道:"当我们把氧气送到目的地时,等候在那里的人们感动得热泪盈眶,紧紧地握住我的手,一股暖流顿时把隆冬季节的塞北变得热乎起来。这个元旦过得很有意义,虽然不能回到天津与自己的女儿一起度过,但我为遇险的工人同志能够及时获救而感到无比欣慰,也为自己生育后的第一次飞行,经住了长途跋涉、昼夜兼程的考验而暗自庆幸。"

1958年12月31日,是一个值得纪念的日子,这一天是伍竹迪生孩子后的第一次飞行,就创造了连续飞行10多个小时的纪录。1958年12月31日,也是共和国女飞行员永远难忘的日子,因为,从这一天开始,中国女飞行员生孩子后能否执行艰巨任务的疑虑,被彻底消除了。

为了数百名阶级兄弟

作为一名飞行员,学会飞行不是目的,目的是运用所学的飞行技术为人民服务,为祖国效力。小名牛牛的秦桂芳,早就盼着和男机长一样率领机组执行空运任务,做一头会飞的老黄牛,在万里长空耕云播雨,驮载负重,用实际行动实践毛主席"要做人民的飞行员"的教导。她除出色地完成各种专机任务外,总希望自己有机会直接为广大群众做贡献。因而凡有抢险救灾的任务,无论有多险、多难、多苦,她都积极要求参加。在长达16年的飞行生涯中,执行抢险救灾任务,也是她的重头戏,与执行专机任务比较起来,更具传奇色彩。

☆秦桂芳在飞机驾驶舱里

1958年11月,北国冬天的大兴安岭,是一片冰雪的世界,寒风呼啸,大雪纷飞。一支由一百多名工人与几百匹骡马组成的铁路筑路队,被困在林海雪原之中,与外界失去了联系。有关部门万分焦急,请求空军支援。部队领导将这一艰巨任务交给了秦桂芳所在的飞行大队。大队长领受任务后,心中有所踌躇,因为他清楚,这次任务时间长,难度大,不是所有的机长都能胜任,他也想到已有"空中闯将"之称的秦桂芳，但他下不了决心，他并不担心她的飞行技术，而是考虑到这次任务多在野外活动，脱离部队时间太长，她一个结婚不久的女同志多有不便。他与政委反复排队筛选，最后还是将这一重担压在了秦桂芳的肩上。秦桂芳和机组成员，经过认真的航线、飞机、物资的准备之后，便驾驶里-2型飞机向着齐齐哈尔市三家子机场飞去，她们要以该机场为基地，长时间地执行林海救援任务。

东北的凌晨，更是寒气逼人，最低气温达零下30多摄氏度。秦桂芳驾驶的苏式里-2型运输机的左右机翼上，各装有一台活塞式发动机，这种发动机低温情况下启动，必须用加温炉加温。因此，秦桂芳带领机组成员，每天三四点起床，顶着凛冽的寒风，忍着刺骨的凉气，赶到机场给露天停放的飞机发动机加温，做起飞前的各种准备工作。在风刀霜剑的野外作业中，她的脸冻紫了，眼睫毛上结满冰花，露在皮帽外的缕缕青丝变成了条条银色的"树挂"。但她全然不顾，她那颗火热的心，已将漫天冰雪融化，并飞到林海雪原之中，飞到了受难亲人的身旁。

一轮红日冉冉升起，给银色大地披上了一层薄薄的霞光。秦桂芳驾驶铁鹰，满载着粮食、衣物和饲料，迎着朝阳起飞了。头上是湛蓝的苍穹，脚下是白茫茫的原野，秦桂芳就在这蓝白之间的空域里疾驰着。这位在南方长大的姑娘，无心欣赏这难得一见的北国风光，一心只想将救援物资尽快送到工人手中。

按预定的航线与飞行时间计算，飞机应到达目标上空了。但翼下是无边无际的雪原，看不到任何地标地物，更没有发现被困的工人与骡马。为了找到人马，她便一边盘旋一边搜寻，一圈、两圈……六圈过去了，仍没发现半个人影与一点蛛丝马迹（后来查明是地图有误差）。

"怎么办？返航，还是继续搜寻下去？"秦桂芳作为机长，必须在二者之间迅速做出选择。返航显然不行，她不能置100多名工人兄弟的生命于不顾，那就等于打了败仗当逃兵。可是总这么在空中转圈，油飞光了也发现不了目标。秦桂芳干事从不优柔寡断，她决定扩大搜寻范围，降低飞行高度。她毅然地一推机头，飞机从2000多米的中空下降到100多米的低空，并勇敢地冲进狭窄的山谷。她向后打好调整片，用力顶着杆飞行，万一发现障碍物，稍一松杆，就能将飞机迅速拉起来。在林海雪原中超低空飞行，极易产生错觉，稍有不慎就会坠机。然而，秦桂芳一方面是艺高人胆大，另一方面是救人心切，因此才冒险将飞行高度降至最低。

飞机的轰鸣声打破了雪野的寂静，被围困的铁路工人，闻声后跑出山谷，在一块宽敞的雪地上，用红色被面铺成一个大写的"T"字，为机组标明空投场。看到这红色的"T"字和振臂欢呼的人群，秦桂芳比看到救星的工人们还高兴，很少流泪的空中闯将，眼里滚动着泪水。她驾驶着飞机，一次次从"T"布上空飞过，一次次按响空投的信号铃，一包包装满党和人民深情厚谊的救援物资，准确地落在"T"字布周围，落到饥寒交迫、濒临绝境的工人手中。

由于被困的人马太多，飞机载重量有限，为了维持工人和骡马的生存，秦桂芳和战友们一道，在异常寒冷的条件下，每天起早贪黑，连续工作15小时左右。就这样，她日复一日地飞行了40多天。一百多名筑路工人和几百匹牲畜得救了。尽管危险、劳累、寒冷，她却乐在其中。因为，她真正感受到了一名女飞行员的社会价值。

那段时间她经常用美国女飞行家埃德娜老人的名言激励自己，老人说："女子可胜任男子的一切工作，甚至做得更好。"老人自己在飞行领域就

四、救援篇 JIUYUANPIAN

☆左起阮荷珍、何月娟、魏砾、秦桂芳、周真明、刘树芬、武秀梅

比男人做得更好，80岁还驾机参加飞行比赛，而且夺得了7项冠军中的4项。秦桂芳也要像埃德娜老人那样比男人做得更好，她也真正做到了。

在抢险救灾任务中，真正检验秦桂芳综合素质的还是"大同救灾。"1960年5月9日13点45分，山西省大同煤矿发生了历史上罕见的煤尘大爆炸，数百名煤矿工人被埋在井下。党中央、国务院立即调集大批抢救人员、医务人员和物资前往大同救灾。当晚8点，正在参加大队党支部扩大会的秦桂芳被上级叫走，让她紧急起飞，连夜飞往大同。当时的大同机场，只有一条土跑道，也没有夜航设备，晚上从没有飞机起降过。白天也只有民航的运–5型飞机在这里飞行，可是时间就是生命，为了使数百名矿工尽快脱险，市里决定打破常规，将汽车摆在跑道两侧，车头对着跑道，有飞机起降时，所有汽车同时打开车头大灯，以代替跑道灯。谁知天不作美，当晚及以后的几天里，大同刮起六七级大风，阵风有时超过8级，风向与跑道中心线正好是90度,属于大侧风,超过了里–2型飞机落地时正侧风不得大于8米/秒的极限。在这种条件下,飞行条令规定飞机是不允许降落的,因为飞机有被吹翻或落地后偏出跑道的危险。更可怕的是跑道两侧还摆满了汽车,飞机万一偏出跑道就要撞上汽车,救矿难不成反而造成空难。可是有数百名埋在井下的矿工兄弟急等抢救,有上千名矿工家属在井外哭号,有大批积聚在机场的医务人员、医疗器材、药品及其他抢救物资急等抢运。难道在养兵千日用兵一时的关键时刻,就因为大侧风,而龟缩在机场里按兵不动不敢升空吗?人民空军绝不能只顾自己的安全而不顾人民的死活。空军党委根据周总理"不惜一切代价,抢救矿工兄弟"的指示,当即作出决定,命令秦桂芳所在部队,发扬不怕牺牲的精神,凡能升空的飞机全部连夜紧急起飞,执行救援任务。

部队领导接到命令后,压力很大,在这种大侧风条件下,让这么多机组夜间执行紧急任务,这是自部队组建以来从未有过的事,必须慎重,虽说是不惜一切代价,但安全仍是前提。团首长经过认真研究,决定派秦桂芳机组打头阵,去大同机场试飞大侧风、短跑道情况下的夜间降落。

凡是这种危险艰巨的任务,一般都要落在技术过硬、作风泼辣、经验丰富的女闯将秦桂芳肩上。由于情况紧急,秦桂芳机组只做了一些简短的准备就起飞了。

飞到大同后,她先在机场上空盘旋了两圈,用无线电高度表测试了机场的实际标高,对侧风的影响做出了准确判断。然后建立起落航线对准跑道准备着陆,这时她发现两侧的灯光异常,从空中望去,只见光不见灯,便问身后的领航员:"你仔细瞧瞧,那是啥跑道灯?"

领航员紧贴舷窗,仔细观察那些直射跑道的光柱:"我的天呀!全是汽车灯。"

一听说跑道两侧全是汽车时，机组成员的心陡地提了起来，大伙儿的眼光全盯着机长秦桂芳，意思很明显，"这么大的侧风，跑道两侧又是汽车，万一偏出跑道，小命还不得报销。"

秦桂芳回头扫了大伙儿一眼，笑道："甭制造紧张空气，我不会让你们去和汽车接吻的。"说完她一推机头，平稳地驾驶着飞机，向着由汽车灯柱织成的光网落去。

她用自己总结出的"占上风头修正法"修正大侧风，同时用小下滑角带油门下滑，以减短飞机着陆后的滑跑距离。她驯服了大侧风，把飞机安全地降落在由两行汽车灯光汇集而成的灯河之中。

这时候，地面顿时沸腾了，大同市长亲自来到飞机前，含着热泪，紧紧握着秦桂芳的手，不停地说着："谢谢！谢谢！谢谢解放军！"在场的人们，发现第一个驾机降落的竟是一位女机长的时候，一双双眼睛如同跑道两侧的汽车灯一样，瞪得圆圆的、亮亮的，放着惊诧的光，愕然地站在大风之中，望着从天而降的仙女出神。

☆秦桂芳利用飞行间隙在外场用餐

秦桂芳虽然着陆成功，但她心中有数，在这种大侧风条件下夜航降落，不是所有机长都能做到的，于是她给市长建议，撤走所有汽车，换上不怕

风的气灯、电池灯或矿灯。她简要给市长讲了用汽车照明的危险性，市长表示马上照办。

秦桂芳试航之后，连夜返回北京。部队首长根据她的汇报，召开了紧急动员大会。会上，团长给所有执行任务的机组下达死命令："同志们，秦桂芳机组在大同测试，那里实际风速是10米/秒左右。秦桂芳他们在上述条件下安全圆满地完成了任务，希望你们也能安全地完成任务。但实际困难会很多，所以我不强调绝对安全圆满，只要你们把抢救人员和物资送到大同就算完成了任务。万一你们偏出了跑道，打了地转擦坏了机翼，只要不发生一等事故，不追究你们机组的责任。同志们！这不是一般的空运任务，这是一场关系到数百名阶级兄弟生命的特殊战斗，必须像秦桂芳机组那样冲上去。"

团长铿锵有力的话语，震撼着每一名飞行人员的心，鼓舞着他们向大同灾区飞去。一批又一批医务人员、医疗器械，一批又一批救援物资从全国各地抢运到大同。秦桂芳除试航之外又和其他机组一起连续飞行了两个晚上和一个白天，共30多小时，这期间她没睡过一个好觉，没吃过一顿热饭，全都是利用装卸物资的空隙，小憩十几分钟，啃几口干粮，喝几口水凑合。不出她所料，有两架飞机落地时一架偏出了跑道，一架打了地转，如不是根据她的建议撤走了汽车，后果可想而知。秦桂芳是女飞行员中特别能战斗的一位，有股铁姑娘的劲头，但尽管如此，执行完任务后，她也累得饭都不想吃，脸也懒得洗，一头栽倒在床上，睡了一天一宿才醒过来。

我特别钦佩秦大姐，执行大同救灾任务时，我刚分到她的中队，那时她已是中队长。她们执行大同救灾任务时，因为我们到部队不久，还没飞完全部改装课目，所以没有我们的份儿。看着她们飞来飞去真眼馋，干着急。

四、救援篇 JIUYUANPIAN

不久后的一天晚上,我把秦中队长拽到我的宿舍,请她讲执行任务的情况。她是个不会忸怩做态的人,于是就打开了她的话匣子。

"因为我胆子大,遇到的险情多,所以像到大同机场试飞的危难任务,领导上往往想到我。有一次在青岛疗养,刚到疗养院的第二天,吃过晚饭正要到海边散步,大队长叫住我说:'青岛一位副市长病危要送往北京抢救治疗,可气象台预报今晚天气十分复杂,而调来接人的海军航空兵的机长没飞过夜间复杂气象,要从我们空军借一名机长,我想到了你,你看行不行?'

"我这个人什么时候都想飞,只要有飞行任务不吃不睡都愿飞,所以毫不犹豫地答应下来。那晚,正如气象台预报的那样,起飞后不久就遇到了浓积云和积雨云,不能按预定航线飞,我决定向左绕飞,因为从青岛飞北京,向右绕飞容易偏到海上去,弄得不好有飞越国境线的危险,所以一般情况下都是向左绕飞。

"可是刚飞了几分钟,又有大面积的积雨云从西面压过来,整个航线都被厚厚的积雨云堵死了。再向前飞无路可走,返航,机上的病人急需抢救,也辜负了海军机组对我的信任。我必须千方百计地完成任务。可我不能蛮干,正在进退两难之际,我突然想到了迫降,因为根据以往的经验判断,这种雷雨很快就能过去,所以我立即请示地面要求在左侧下方的潍坊机场迫降。

"飞机刚落地,狂风夹着暴雨雷电席卷了整个机场,但是正如我预测的那样,半小时后,雷雨就过去了,我们立即起飞,将病人安全地送到了北京。"

听完秦中队长的讲述,我终于明白了,她之所以能圆满地完成每次救援任务,除飞行技术超群、航行经验丰富之外,还有很重要的一点,那就是她将救援对象视为自己的亲人,为了亲人生命财产的安全,她不怕苦,不怕累,也不怕险。她为后来的女飞行员,树立了一个很难超越的榜样。

含泪视察"两江"灾情

在首批14名女飞行员中,我没有直接接触过的就是施丽霞大姐。我俩虽见过面,对她的生平事迹也有所耳闻,但不十分了解。其实她为祖国的航空事业以及国防建设做出过重大贡献,在共和国女飞行员的历史画卷中应有她的位置。遗憾的是施大姐已于2006年12月10日因脑血栓病故,我失去了当面采访的机会。所幸的是施大姐在病前亲手写了一本自传,我从她儿子贾波那里得到了这本极为珍贵的资料。我看后颇受感动,对她有了比较全面的了解。她是我国唯一由苏联顾问带飞"两复"(昼间和夜间复杂气象)训练课目的女飞行员。她多次果断处理空中险情,确保了飞行安全。用她自己的话说:"要完成好任务,首先要有原则,要

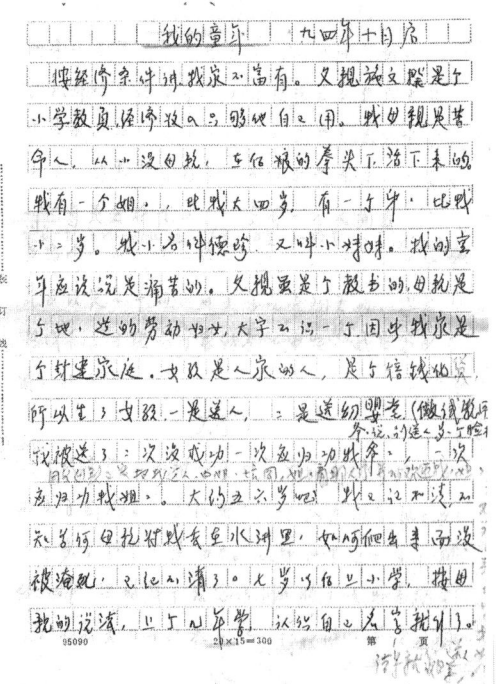

☆施丽霞自传首页

遵守飞行条令条例，不能胡来。其次反应要快，处置要快，自己要有主张，想好了，立即就干，因为飞机有速度，不能有半点迟疑。"由于飞行基本功扎实，她执行了大量飞行任务，在军事空运、抢险救灾和教学等方面多有建树，广东救灾就是她飞行生涯中最为闪亮的一页。

1959年6月，施丽霞率机组由北京南苑机场飞往广州白云机场，奉命为广空训练领航员。当时施丽霞是空军第一高级专科学校直属中队的飞行员，是四种气象条件的机长。

有一次，飞行中遇到雷雨，豆大的雨点，乒乒乓乓地打在飞机上，云团中的紊乱气流使飞机上下颠簸，左右摇晃，不时发出嘎吱嘎吱的声音，似乎就要解体。机舱里黑乎乎的，十分吓人。后舱带队的领导坐不住了，跑到前舱惊慌地问发生了什么事？有没有危险？

施丽霞是个直性子，一贯犯上，只要她认为谁有错，不管他的官有多大，地位有多显赫，她都敢顶敢撞。她认为领导这时候应该镇静，不能惊慌，她对那位带队领导慌慌张张跑到前舱来的行为很反感，于是大声斥责道："坐到自己的位置上去，别添乱！"

这时飞机上的大气温度表急剧下降，施丽霞一看不好，她立即以小坡度向后转弯，此时发动机汽缸头温度表的指针已降到140摄氏度，再往下降，两台发动机就要停车了，后果不堪设想。她往回飞了3分多钟时，飞机基本上脱离了危险区，飞机高度只剩200来米了。真险，那一带全是山区。面对如此恶劣的天气，施丽霞决定返航，地面指挥员同意了她的请求。当她进入五边对正跑道下滑时，雨下得更大了，下降到50米还看不到跑道，施丽霞只好加油门复飞。

一看飞机落不下来，驻场部队领导异常着急，团长上塔台亲自指挥。

在团长指挥下，施丽霞的第二次着陆成功了。飞机在跑道上滑行时，好似快艇在大河中飞驰，激起的浪花有10米高，跑道变成了长河。

施丽霞将飞机滑回停机坪停稳后，停机坪上的积水有半尺多深，机组成员无法下飞机。在14名女飞行员中，具有男子汉性格的有3名，第一是秦桂芳，她不仅在空中巾帼不让须眉，在地面也经常光着脚丫子在篮球场上和男同志一块儿拼抢，她那股勇猛劲儿，令男同胞胆怯；第二是王坚，前面已介绍过；第三就是施丽霞，她不仅性格像男子汉，长相身材也像男同志，五大三粗，人高马大，活脱脱一个假小子。她见学员和机组成员挤在机舱门口，不知如何举步时，自己率先脱掉鞋袜，披着雨衣，拎着鞋袜和航行包，蹚着水回到了机场招待所。

6月上旬，广东省连降暴雨，不少地区的水位超过了历史上有记载的最高水位，先是东江流域成灾，接着西江、北江告急。揭阳、汕头一带洪水泛滥，不少村镇、农田被淹，群众的生命财产遭受重大损失。成千上万的群众被洪水围困，缺吃少药，急待援救。

灾情和灾民牵动着广东省委、省政府领导人的心，省委书记陶铸决定乘坐飞机视察灾情，根据灾情采取救援措施。这一艰巨任务落到了正在广州执行任务的施丽霞机组头上。领受任务后，施丽霞深感责任重大，这是她第一次执行这么重要的专机任务，也是第一次在没有具体航线的情况下飞行，而且气象复杂多变。为了圆满完成任务，她和机组成员在一起连夜进行飞机、航线的准备。虽没有具体航线，但大方向是明确的。她们在东江、北江的地图上做了多条航线准备，对第二天的天气也做了详细的了解，同时设置了多种紧急处置预案。

第二天一清早，广东省委书记陶铸在广空张副司令的陪同下来到飞机

☆施丽霞（第二排左一）与各批女飞行员合影，前排右六为作者

前，陶书记心事重重，满脸愁云，只与施丽霞等机组成员草草握过手后，没说话径直上了飞机。

施丽霞驾驶飞机向"两江"地区飞去。起飞不久，陶书记来到前舱，让她们往东飞，将高度再降低一点。这时飞机飞临惠阳上空，惠阳机场全部被淹，到处是一片汪洋，水上漂满了杂物，有的地方只能看到树梢。在陶书记的指挥下，施丽霞一直往东飞，飞到揭阳时，陶记书再次让她下降高度，一直降到50米。施丽霞一直沿着榕江飞。翼下的景象惨不忍睹，高地上挤满了人，屋顶上也是人，他们一见飞机，拼命地挥动衣物。水上到处可见被冲走的房屋、牲畜，有的还在水中挣扎，还有遇难者的尸体。陶书记一直坐在飞行员中间平时机械师坐的吊袋上，目不转睛地盯着机头的前下方，当他看到那些向飞机呼号的难民时，双眼流出了热泪。施丽霞和机组成员都没见过这么大的水，更没见过这种惨状，他们也难过地流下了泪水。返回机场后，陶书记连招呼都没打，一下飞机就坐车匆匆离开了。

陶铸走后，张副司令让施丽霞再次起飞，他放心不下被洪水围困的汕头机场的官兵，他要去汕头机场视察。那已是中午时分，副司令和机组都顾不上吃饭，又再次起飞，直奔汕头机场。快到机场时，施丽霞用飞行员专用的超短波电台与机场联络，无人接听。怎么办？张副司令指示强行着陆，他判断机场电路被洪水破坏。

为了确保安全，施丽霞以50米高度绕场一周，仔细观察机场情况。机场跑道未被水淹，可以着陆，但跑道两头是小河，河水已涨至跑道头，这就要求飞行员必须准确目测、慎重驾驶，稍有不慎，飞机就有冲入水中的危险。这又是施丽霞从未有过的经历，没有地面导航，没有指挥员指挥，也没有机场的气象资料，真是名副其实的盲目着陆。要是大晴天，在这种"三无"情况下落地并不十分困难，就当是一次野外迫降，可是老天爷似乎有意考验施丽霞，一时间风雨交加，电闪雷鸣。所幸她已放下起落架进入五边。她稳稳地驾驶飞机，准确地落在跑道头中心线上，犁起一道硕大的水沟。尽管她操纵准确，刹车及时，飞机还是差一点冲进水里。张副司令带着参谋人员在机场转了一遍，没发现一个人影，证明机场官兵已全部安全转移，张副司令这才放心，率机关人员登机返回广州。

视察完灾情的第二天，施丽霞开始执行紧张的空投任务，她从白云机场起飞后向东飞，她们机组的任务是给增城地区的灾民空投粮食。那里的群众都集中在山头上，一座座山头成了一个个孤岛，岛上挤满了成千上万的群众。施丽霞瞅准了一个山头，降低高度，将一包包粮食准确地投到群众设置的空降点，没有一包投到水里。需要救援的群众太多，施丽霞机组飞了一趟又一趟，吃饭、休息全在机场。下午空投时，她看到了群众用白石灰写在地上的"毛主席派来的神鹰，毛主席万岁"等大字。无论男女老少，都跪在地上,冲她们作揖。看到这一感人的场面,施丽霞和机组成员全哭了。不久《人民日报》《解放军报》《羊城晚报》刊登了她们的事迹,还拍了"人定胜天"的纪录片。施丽霞,真正成了施放在东方天际的一道美丽的朝霞,这也是她人生中最精彩的一笔。

不见亲人不揿空投铃

1963年8月初,山东、河南、河北三省部分地区连降暴雨,造成特大洪涝灾害。特别是河北,海河水系除北运河外都泛滥成灾。北京以南,西至保定、石家庄,南到衡水、德州一带,全是一片汪洋。成千上万的群众被洪水围困在山头、高地场院、屋顶上,有的甚至爬到树枝上栖身,还有的已被山洪冲走。在这危急关头,党中央、国务院命令空军运输机部队到灾区空投食品和药物。第一批女飞行员所在部队,离灾区最近,她们率先出动。驻西郊机场的空军部队,主要是执行专机任务,部队装备的全是客机,接到任务后他们迅速组织人员,拆掉了客舱里的全部座椅,把客舱改成货舱。并抽调部分地勤机务人员组成多个空投小组,随飞机执行空投任务;将所有的飞行、领航、通信员和空勤机械师(员)编成若干个机组,采取歇人不歇马的办法,轮流到灾区空投救援物资。每个机组每天要飞2至3次,4至6小时。最多时,一天要飞10多小时。因为受灾面积太大,空投点太多,就是这么连轴转还不能保证每个灾民都能收到空投的食品和药物。

这次救灾任务,西郊机场的第一批飞里-2型飞机的女飞行员,秦桂芳、伍竹迪、何月娟、武秀梅以及和我同一批的韩淑琴、俞亚琴、潘隽

☆战士往飞机上装救生器材

如、李秀云、刘道义、张筱龙等姐妹在陈志英副大队长率领下,全都参加了战斗。我们在近1个月的连续飞行中,经受了考验,特别是伍竹迪在任务中,正确处置双发停车的险情,避免了一起重大飞行事故。由于我们出色地完成了任务,受到上级的通报表彰。

一天,武秀梅率机组领受任务后,驾驶着飞机冒雨起飞了。当时因为参加空投的飞机太多,为了避免空中相撞,确保安全,航行部门统一规定,凡飞向空投点的飞机一律保持1200米高度,返回机场的飞机

☆飞行中的武秀梅

一律保持900米高度。飞行时以目视地标为主,每个机组都配发了大比例尺地图,以便准确地将食品和救生器材空投到指定地点。武秀梅机组当天

的空投目标是河北省雄县。飞临目标上空时,她将高度降低到500米,飞机还没出云,她再次降到200米,但还是看不见空投目标。这时空中的强大气流,冲击着她驾驶的里-2型飞机。里-2型飞机是一种下单翼飞机,极易受气流影响。飞机在强气流作用下,上下颠簸很厉害,就像小舟航行在惊涛骇浪中一般,如再降低高度,飞机随时有被强气流压入洪涛中的危险。飞行员每遇到难题,都会问自己怎么办?是按空中计算的时间实施非目测空投?还是等看清空投点后再空投?这两个问号在武秀梅脑子里打开了架。按照前一种方法,也算完成任务,但没有百分之百的把握保证空投物资全都落到没水的场地上;如果想完全看清空投点再空投,就必须再降低高度,完全目视飞行。要完全目视飞行,就要冒极大的风险。但武秀梅想到地面有成百上千群众急盼着飞机上的大饼充饥,等着救生器材救生时,她下定决心,不见到受难的亲人绝不揿空投铃。于是她果敢地决定,再次下降高度。武秀梅和机组成员根据气象预报和当时的风向风速,精确计算出偏流和地速,在确定无高大建筑物的前提下,勇敢地驾驶飞机穿出云层,朝着滔天洪波飞去,这时无线电高度表指示的高度是70米。她终于看到了老百姓用一块白布做标记的空投场,并看到了群众欢呼跳跃的场景。当飞机超低空飞过目标上空时,武秀梅用力地揿响了空投铃,将食品准确地投向目标区。由于飞机装载的物资太多,必须分批空投。当飞机每一次通过空投点时,都会看到灾民欢呼雀跃的场面,有的群众还站在城墙上舞动着红旗,更多的群众则是举着双臂向飞机欢呼。武秀梅虽听不见他们喊什么,但可想而知,他们一定是在高呼:"毛主席万岁!""共产党万岁!""解放军万岁!"可惜武秀梅不能尽情欣赏这激动人心的一幕,因为她不能分心,要全身心投入保持飞行状态,只有70米高度,又有强气流,稍有差池,

后果可想而知。

空投完所载物资后,武秀梅迅速爬升到规定高度,向北京返航。谁知恰在此时,西山那边却压过来大片浓积云,她必须争取时间,赶在雷雨到来之前落地。当她刚刚在西郊机场落地,还没滑回停机坪,大雨就倾盆而泻。武秀梅望着舷窗上那刷刷的水柱,长长地吐了口气。她没有后怕,更没有遗憾,因为她已完成任务,已把党的关怀与温暖送给了灾区人民,把粮食与药品送到了亲人手中,拯救了他们的生命,保证了他们的安全。此时此刻她感到自己所从事的飞行事业是那么光荣、那么有意义。想到此,一种难以言表的幸福感充满全身。当回到宿舍时她才感到疲惫,一摸布飞行服内的衬衣,已经全湿透了。

参加空投的女飞行员都有武秀梅类似的经历,其中伍竹迪的经历更惊险。有一次返航途中,她驾飞机飞临良乡南侧上空时,突遇倾盆大雨,飞机被雨柱所裹,机舱里顿时暗了下来。正当她紧握驾驶盘与风雨搏斗时,先是发动机汽缸头温度表急剧下降,紧接着双发停车,失去动力的飞机猛往下沉,高度迅速下降。生死瞬间,伍竹迪不慌不惊,她立即采取加大变距、关上鱼鳞片等紧急措施,并迅速重新起动发动机,轰的一下,发动机再次起动了。伍竹迪又将飞机拉起,进入正常航线。按部队规定,空投完后返航的飞行高度为900米,在这么低的高度,双发停车不摔飞机,也算得上是一个奇迹,也只有像伍竹迪这样飞行技术过硬、头脑反应敏捷、心理素质超常的飞行员才能做到。如果时间上稍有耽误,动作上稍有失误,飞机准摔无疑,航空史上类似的空难不少。

所有参加救灾的女飞行员,都和伍竹迪、武秀梅一样,顶风冒雨,穿云破雾,克服重重困难,安全圆满地完成了空投任务。在第一批女飞行员

四、救援篇 JIUYUANPIAN

的历史中,这是唯一的一次大机群救灾活动,也是一次集体建功的难忘飞行。

武秀梅是第一批女飞行员中飞行年限最长的一位,1984年3月停飞,在蓝天一共驰骋了33年。由于飞行年限长,她执行的救援任务也最多。北方如发生大的灾情,一般都有她参加救援。

1976年7月28日3点42分,河北唐山、丰南一带发生了我国历史上罕见的强烈地震,震感波及天津和北京,顷刻之间,地动山摇,房倒楼塌,无数正在酣睡的人们,被埋在瓦砾之中,数十万人丧生,更多的人受伤,交通、通信中断。

当天8点多,武秀梅奉命

☆伍竹迪驾机飞赴灾区

送北京军区李一民副参谋长率领的机关人员紧急去唐山,他们是为北京军区工作组打前站的。当时,唐山机场的通信已经中断,天上还下着小雨。武秀梅在此之前,曾多次到唐山机场执行任务,她对通县至唐山的航线很熟。凭着她多年的飞行经验,9点多就顺利地飞临唐山机场。她从座舱向地面望去,昔日熟悉繁华的唐山已不复存在,变成了一片浩瀚的瓦砾场,机翼下的惨状令她伤心落泪。

因为她事先未掌握唐山机场震后的任何信息,不了解地面的情况,武秀梅在机场上空盘旋一圈,仔细察看跑道情况,并试图与地面联络。结果发现跑道基本完好,可以降落,跑道南头的导航台虽已震坏,但北导航台

还有信号，地面也有人指挥。弄清机场情况后，武秀梅做了一个小航线，对准跑道安全着陆，圆满地完成了任务。

事后看来，武秀梅的唐山降落一帆风顺，没有遇到多大困难。其实，当时她是冒着很大风险的，摆在她面前的是一大堆问号，跑道有没有震坏？导航通信设施是否完好？当地天气如何？会不会遇到强烈余震？等等，这些问题她都与机组进行了认真研究，做好了不同情况下的应对方案。正因为准备充分，任务才得以顺利完成。

在李升堂所著的《空中生命线》一书中，武秀梅驾机降落一事虽没有明确的记载，但从时间上来看，武秀梅所驾驶的飞机，应该是唐山大地震后，第一架在唐山机场降落的有机翼的飞机。

五、训练篇

共和国第一批14名女飞行员,在其飞行生涯中,之所以出色地完成了各项专机、救灾等飞行任务,没有因为她们自身原因造成任何飞行事故,靠的就是"女飞"精神和过硬的飞行本领,她们的钢铁翅膀是在暴风雨中锻炼出来的。停飞时,她们都为自己的飞行人生画上了圆满的句号。

☆陈志英给女飞行员下达飞行任务

"三八"起飞典礼之后，首批55名女飞行员全部留在北京西郊机场，编入空军运输航空兵独立第三团，代号为2343支队。女飞行员集中编在二大队六中队，陈志英为中队长。为了更好地培养、锻炼和使用她们，不久又将她们分开编入各飞行大队，开始了真正的飞行员生活。

1952年"三八"节，14名女飞行员虽然驾驶飞机飞越天安门，接受了首都人民的检阅，受到了毛泽东、朱德、刘少奇、周恩来等中央领导人的亲切接见。但是她们那时还是航校刚毕业的学员，还不是飞行部队成熟的飞行员。由飞行学员转变成能执行各种飞行任务的飞行员，有很长一段艰难的路要走。她们必须由简到难地飞完昼间简单气象、昼间复杂气象、夜间简单气象和夜间复杂气象的训练课目，才能成为"全天候"飞行员、机长。再往前走就是"四种气象"的教员，还往前进，那就是最顶级的"四种气象"的指挥员。由于多种原因，14名女飞行员中，最终达到这个层次的只有3名，她们就是：陈志英、秦桂芳、伍竹迪。其他多数为"四种气象"或三种气象条件的机长、教员。从飞行学员到"四种气象"的机长、教员、指挥员，这段路很漫长，很艰巨，也很惊险。

当她们自身的翅膀练硬之后，在执行专机等任务的同时，还担负了大量的教学工作，培养了大批男、女飞行员。她们作为飞行指挥员和教员，在训练新飞行员的过程中，无私地把"女飞"精神、飞行经验、飞行技术传给下一代，同样演绎出一连串的感人故事。她们为空军飞行人员队伍，特别是为女飞行员队伍建设做出了卓越贡献。

令爷们"臣服"的女教官

飞行部队训练都是从难从严，专机部队飞行训练那就更难更严。难度越大，标准越高，风险也就越大，难、严与险是相互关联的，有时要付出血的代价。对飞行员来说，最难飞、最危险的课目是"昼间复杂气象"和"夜间复杂气象"课目训练，简称"两复"训练。就是在大雪、大雨或云低等复杂天气的条件下，飞行员飞行时看不到地面，全靠飞机上的仪表指示飞行，特别是着陆时，飞机进入五边后，很长一段时间看不见跑道，有时高度只有五六十米时，飞机才穿出云层。那时是飞行员最紧张的时刻，也是检验飞行员飞行技术和航行经验的关键时刻。为了提高飞行员复杂气象条件下执行任务的本领，部队必须进行"两复"训练。飞行员也只有经过"两复"训练，才能成为"全天候"飞行员，才能在复杂气象条件下执行飞

☆伍竹迪（后排右二）与姐妹们训练归来

行任务,翅膀才真正变硬了。可是,北方一年四季的复杂天气并不多,专机部队为了加强"两复"训练,没有复杂天气,就人工"制造"复杂天气,他们新设置了"盲降"课目(后改为"仪表着陆"),并报请空军有关部门审核,经空军批准,将这种方法写入了大纲(草案)。同时列入大纲(草案)的新课目。还有起飞后单发,即收起落架后,一个发动机停车;无灯着陆,即夜航不开飞机着陆灯着陆。这些新课目,都是难度很高、风险性很大的课目。试飞这样的新课目,自然是难度更高,风险性更大。第一个试飞大纲(草案)新课目的就是伍竹迪。

1956年《新观察》第15期刊登了左蓉的文章,标题为《一个女飞行员的盲目着陆飞行》,文章生动详细地描写了伍竹迪飞"盲降"的情况。"飞机平稳上升着,高度表的指针继续转动,我看了看前面,只见苍苍茫茫、天地一片,再加上天气不好,我就更分辨不出什么了。就在这时候,一件意外的事情发生了,飞行员前面的胶玻璃窗突然一下子被罩了起来。我心里暗暗着急,飞行员看不到外边,瞎子似的将要飞到哪儿去呢?……"

俗话说内行看门道,外行看热闹,文章作者不了解"盲降"的内情,才有上述疑问。大纲中的"盲降"课目规定,飞机起飞后,高度达到50米时,右座教员将左座学员前面的舷窗用黑布帘罩严,学员全凭仪表指示操纵飞机做大航线,直到五边下滑飞机过近距导航台,信标机铃声响过之后,教员才将布帘拉开,这时的高度应是50米。作者最后写道:"铃声响过之后,前面的窗罩也立刻打开,我几乎叫了起来,原来飞机正对准跑道不偏不歪地下滑呢。几秒钟后,飞机就轻轻地落在跑道上了。盲目着陆飞行,标志着她的技术水平已经达到一定高度。精通这样的课目,她就可以在天气不好时按仪表指示穿云下降,有能力完成各种飞行任务。伍竹迪就是这样将翅膀练硬的。"伍竹迪除试飞"盲降"新课目之外，起飞后单发、无灯着陆两个新课目也是她试飞的，全都安全圆满地完成了任务。

真要提高"盲降"能力，光靠"拉窗帘式"的训练还不行。因为有教员在右座保驾，飞行员有依靠，飞行时心理压力不大。因此，还必须让飞行员在真正的复杂天气中去锤炼，真枪真刀才能练出真本事。

1962年2月9日，也是大年初五，部队放完春节假刚上班的第一天，北京地区下起了罕见的大雪，古人云"燕山雪花大如席"，这是北京大雪的真实写照。那天纷纷扬扬的飞絮，绵绵不断地向地面扑来，转瞬间，西郊机场变成了银色世界，西山恰似一条银龙，盘卧在机场的西侧，长河宛如一条玉带，镶嵌在机场的东边，跑道就像一条宽敞的银河，通向蒙蒙的天际。瑞雪兆丰年，年关刚过的这场大雪，必将给北京人带来一个好年景，给西郊机场带来的却是……

为了提高飞行员在复杂气象条件下的飞行技术，部队领导决定抓住北方这难得的复杂天气，组织昼间和夜间复杂气象训练。当天上午向飞行人员下达飞行任务

☆伍竹迪即将驾机起飞

后，即开始飞行和机务准备。下午1点多，首先是伊尔-14型的飞行员飞，而后是里-2型的飞行员飞。白天没有伍竹迪她们第一批女飞行员的事，

她们的计划是晚上飞"夜复"。我们第二批女飞行员飞"昼复",与大姐们差两个档次。我是第一次在这么复杂的条件下飞行,真过瘾。飞机刚一离地便被白茫茫的飞雪所裹,平时清晰可见的昆明湖、万寿山、玉泉山等地标地物都从视野里消失了,飞机仿佛穿行在时间隧道之中。我只能按仪表指示操纵飞机,按飞行人员的行话叫"盲目着陆",简称盲降。着陆时,飞机过了近距导航台(离跑道头1公里左右),高度下降到50米了,才隐隐约约看到跑道中心延长线的灯光。飞机快进跑道头了,才能看清跑道。

那天不只是雪大,而且还伴着结冰,飞机的操纵性能变得很差。严重结冰导致飞机的流线型被破坏,而使飞机失去操纵,所以每飞3次仪表起落后就要将飞机滑回停机坪,一方面换人,一方面给飞机敲冰,同时对飞机进行一次检查。飞行员没有过硬的技术是无法在这种天气条件下起降的,指挥员没有魄力和胆略也是不敢在这么复杂的天气组织飞行训练的。

然而,白天的这种天气对伍竹迪等第一批老大姐来说,已算不上什么,她们早就飞完了"昼复",她们都等着晚上飞"夜复"。这是飞行员最高难度的训练课目。当时我们这些羽翼未丰的小姐妹还没有资格飞,特别眼馋晚上飞"夜复"的老大姐们。

晚饭后,伍竹迪等大姐们都整装待发,在飞行教室做准备,等伊尔-14型飞机飞完后她们接着飞。她们正准备时,猛然听到"轰隆"一声巨响,震得玻璃窗直哐当。她们不约而同地往外跑,一直向机场跑去,刚跑几步就看到万寿山的左后方升起一股冲天的橘红色火柱,大伙儿不知发生了什么事,站在大雪中发愣。不知是谁说了一句:"坏了,伊尔-14型飞机撞山了!"他的话音刚落,机场里的救护车、消防车、拖车等呼啸着向东营门驶去。听到响声和嘈杂声,本已入睡的我们,也从床上爬起来,穿上毛皮飞行服往外跑，刚出门就被大队干部全撵回了宿舍，并传达部队首长的命令，所有空勤人员回自己宿舍休息。

当晚，撞在万寿山后面黑山上的是3246号伊尔-14型飞机，机上10名飞行人员全部遇难。原因是飞机起飞后，一台发动机出现故障，高度太低飞行员来不及处置。这10名飞行人员全是部队的技术尖子，全都执行过中央首长的专机任务。当晚的飞行事故对我震动很大，我彻夜无眠，亲身感受到了飞行事业的危险性。"两复"训练付出了血的代价，我们面临着生死考验。

虽然一夜未合眼，第二天一早仍按时起床，我们知道在这种困难的时候，应该管好自己，不能给领导添麻烦。正当我们自觉地打扫室内外卫生时，大队值班员吹哨集合，让大伙儿去跑道扫雪，上午有专机任务。那时候，机场还没有现代化的扫雪设备，全靠人工用铁锹铲、笤帚扫，然后用木板将雪推到跑道两边5米外的草地里。

以往扫雪时都特别热闹，欢声笑语，打打闹闹，不是雪球横飞就是雪埋活人。扫雪成了大家在一起玩雪、赏雪的好机会。但1962年2月10日早上的扫雪场面，却异常冷清，整个跑道上只有铁锹撞击水泥地面的当当声和木板与地面磨

☆伍竹迪正带领学员登机

擦的吱吱声，人们的心跟冰冷的世界一样被冻结了。

扫雪时我见到了伍竹迪大姐，一夜之间，她仿佛老了许多，平时爱说爱笑的她，头都不抬地只顾埋头扫雪。她此时的心情异常沉重，一方面她为一瞬间失去10名老战友而悲痛，另一方面她还心有余悸。因为昨晚她爱人程宝海也参加了飞行。当没弄清楚是哪架飞机撞山之前，爱人生死未卜，那段时间急得伍竹迪的心都要从心口蹦出来了。虽然一夜过去了，爱人也平安回来了，但她仍惊魂未定。看她那过度疲惫哀伤的样子，我没和她打招呼，又使劲扫起雪来。

按常规，部队摔飞机后，要停飞进行整顿，总结经验教训，处理后事，安抚人心。特别是昨晚摔的是我们部队当时最好的伊尔-14型飞机，牺牲的飞行人员都是部队的精英。而且这次事故是部队成立以来损失最大的飞行事故。为什么不停飞，还要执行专机任务，难道不怕祸不单行吗？是哪位首长这么信任我们部队？后来才知道，2月9日白天，空军向部队下达了送总参谋长罗瑞卿大将到外地视察的任务。当晚发生飞行事故后，空军刘亚楼司令员和吴法宪政委即到事故现场察看，并向罗总长报告了事故情况，建议取消专机任务。罗总长听完汇报后指示，要认真总结教训，但任务不能取消。第二天上飞机前，罗总长对部队领导说："一支经得起摔打的部队才是过得硬的部队，我相信你们，我今天、以后仍然要坐你们的飞机。"摔飞机后，整个部队的士气非常低落，少数飞行人员萌发了停飞的念头。但是罗总长专机的轰鸣声，就像一针强心剂，将低落的士气鼓了起来。伍竹迪大姐也很快摆脱了飞机失事的阴影，事故后的第三天，她就执行了去西安的飞行任务。

俗话说得好，打铁必须自身硬，因为伍竹迪自身练就了过硬的功夫，所以她不仅是位优秀的机长,也是一位令爷们都"臣服"的飞行教官。关于伍竹迪当教员之事,我曾在《我是蓝天的女儿》一书中,有过详细的描述,现将部分内容简述如下。

1964年,全军掀起了轰轰烈烈的练兵高潮,人人争当技术尖子,全军开展大比武。空军为适应形势发展,缩短航校毕业飞行学员到部队后的改装训练年限,决定进行改革,由过去的3到6年飞完四种气象缩短到两年。这个试点任务交给了我所在的飞行大队。大队长高玉成,副大队长伍竹迪、王全奎,我被选为教员。当时我怕完不成教学任务,没有信心。伍副大队长多次找我谈话,帮我卸包袱、树信心:"晓红,咱们都是女飞行员,很多事情有同感。从我们飞上蓝天的那一刻起,我就深深地体会到,阻挡我们飞行的障碍有很多很多,但最根本的障碍其实是我们自己。如果不战胜自卑就无法战胜飞行中遇到的种种困难。绝不能首先认为自己不行,不如男同志,不如别人,必须肯定我行,一定行!一定要有这种信念。秦桂芳飞得好,就是她非常自信,我也是一个非常自信的人。当初,领导让我当教员,我就很自信。不管是比我官大的、比我年长的、比我资格老的,我都带过。"接着她给我讲了一个小故事:

有一次,一个男学员(在陆军时是个连级干部)见是个女教官带他,很不乐意,给领导提出来要换教员。大队领导问他为啥要换教员,他说她是女同志。领导又问他,女同志为啥不能当他的教员?他摸着脑袋想了想后回答道:"女同志总不如男同志!"

领导笑了:"你了解你的教员吗?老实告诉你吧,她出席过空军首届英模功臣代表大会和全国青年社会主义建设积极分子大会,是个响当当的女同志。她不仅技术好,教学能力也很强,把你安排在她的教学组,是为了照顾你这位陆军老大哥,你能碰上她这样的教员是你的福气。"

那位男飞行员听后将信将疑,没再提换教员的事。结果他以优异的成绩结束了改装训练。分别时他握着我的手,含着泪只说了一句话:"伍教员,谢谢你,我们的好教员。"

讲完这个故事后,伍大姐接着说道:"晓红,我可以骄傲地告诉你,很多我带出来的飞行学员,已经成为部队的骨干,走上了领导岗位,有的成了我的顶头上司。我们大队的高玉成大队长(后成为该师师长、空军参谋长助理、少将)、王全奎副大队长都是我的学员。"

伍副大队长的一席话,打掉了我的自卑感,我暗下决心,争当一名像伍大姐那样的好教员。但同时脑子里又多了一个问号,她那么优秀,为何学员高玉成当了大队长,而她这个优秀教员还是副大队长?这个问题在三年后我才找到答案。

教学中我处处以伍竹迪大姐为榜样,因人施教,教学关系融洽,我带飞的学员进度快、飞行质量高,我被评为"郭兴福式"的飞行教员。我心里明白,这都是伍副大队长帮助的结果。那两年,她每天除了完成自己的带飞任务外,都要询问我的带飞情况,给我出谋划策,总结每个学员的优缺点,制订第二天的带飞方案。她才是真正的"郭兴福式"的优秀教员。

在训练期间发生了这样一件事情。王全奎副大队长带飞的一名学员,怎么教他总飞不好,王副大队长对他失去了信心,最后提出淘汰他。大队支委会在讨论是否淘汰那名学员时,王全奎副大队长又提出,如果伍竹迪副大队长肯带他,可以先不淘汰他,如果伍竹迪副大队长不愿意带他,就淘汰他。大队长征求伍竹迪的意见时,她毫不犹豫地同意了。伍竹迪带飞学员时,特别注意观察学员的特点,调动他的积极性,挖掘他的潜力,做

☆伍竹迪（中）帮助第二批女飞行员李秀云（左一）、潘隽如（右一）进行飞行准备

到因人施教。结果这个学员在伍竹迪的带飞下，不仅跟上了飞行进度，最终以优异成绩毕业。后来当空军实行飞行员等级制时，他被评为空军第一批特级飞行员。伍竹迪就是这样，越是接受能力偏低的学员，越能激发她的教学潜能，动脑子想办法带好他。她常说自己很喜欢当教员，学员的优异成绩就是对她最好的回报，她为自己培养的学员遍布运输机部队而欣慰、而自豪。

新中国第一个飞特技的女性

第一批女飞行员对祖国的社会主义和国防建设所做的贡献有目共睹，

我在前几篇中分别介绍了她们的部分功绩。我作为第二批女飞行员，还亲身感受到，她们对新中国女飞行员队伍建设方面所做的贡献同样是巨大的。我们第二批女飞行员不用说，第三、第四乃至第五批女飞行员的成长也有她们的心血。第三批女飞行员从下放锻炼开始，就得到了第一批老大姐的培育。黄碧云、何月娟分别是她们预校和航校时的直接领导，具体负责她们的培训工作。秦桂芳大姐对二、三、四、五批女飞行员的成长都有过贡献：她是第二批女飞行员的带飞教员，是第三、四、五批女飞行员的文化和航空理论教员。其中她们对第二批女飞行员的影响最大、最直接、最深远，故事也最多。

第一批女飞行员中，与我渊源最深的当属陈志英大姐，原来我认为对她很了解，从最近掌握的材料看，其实我过去对她的了解还很不全面，直到 2010 年 11 月，我动手写本书之前，才知道了她在二航校学飞雅克-18型飞机的一些故事。

☆陈志英（前排右一）与飞行训练结束后的女飞行员在一起

五、训练篇 XUNLIANPIAN

共和国第一批女飞行员与第二批女飞行员,在航校学习时,有许多不同点。一是学制不同,第一批属于速成,在校时间只有7个多月,平均每人飞行时间只有77小时44分。第二批是正规教学,学制是两年。二是训练内容不同,第一批在航校时有很多课目没飞,如特技(包括筋斗、螺旋、大坡度、滚翻)、转场、跳伞等,第二批上述课目全都飞过。三是飞机、场地等环境不同,第二批飞的是雅克-18型教练机,机场是长春大屯机场,每次飞行时都带降落伞,第一批飞行时从不带降落伞。四是领导与教员队伍构成不同,第一批女飞行员的领导和教员是清一色的男性,第二批女飞行员的领导与教员中则有女性。其中最大的不同是训练课目。

1957年,陈志英借调到长春第二航校,任理论训练处学员大队副大队长,主管女飞行学员中队,具体负责我们第二批女飞行员的培训工作。陈志英到航校的第一件事就是了解训练大纲。她到航校之前,训练部门已拟订了一个大纲草案。她对草案进行了认真研究,特别是将女学员与男学员的训练大纲进行了比较。校领导和训练部门针对男女学员的不同特点制定了两套训练大纲。男学员大纲中的有些课目女学员大纲中没有,如一些高难度的特技课目。当校领导征求她对大纲的意见时,她提出:"总体看来,训练大纲的内容比较全面,但我认为男、女学员的训练课目应该一样,男飞行学员能飞的课目女飞行学员也能飞。"

"我们预料到你会有这样的想法,对这个问题我们也是反复研究了很久才初步定下来的。男、女学员毕竟有区别,女学员心细,动作柔和,但胆小,力量也相对较弱,有些课目不大适合女学员。这不是歧视你们女同志,这是从生理条件方面考虑决定的,希望你能理解。"校领导耐心地给她解释。

陈志英外表虽有几分男人相,但她很内向,不善言辞,更少与人争吵斗嘴，也很少动怒激奋。但对校领导的解释，她还是据理力争："您的解释我不能接受，如果领导让我负责她们的教学工作，希望尊重我的意见。胆小不是我们女飞行员的特点，我不否认，一般来讲，女同志的胆量是要小一些，但胆量是可以练出来的。我们第一批女飞行员中，开始是有人胆小，不过后来都练出来了，没有一个胆小鬼，秦桂芳比好多男同志还胆大。飞行不需要大力士，体检合格的女飞行员都有足够的力量，完成各种飞行操纵动作。"

在她的力争下，航校领导采纳了她的意见，对女飞行学员的训练大纲进行了补充，与男飞行学员的训练大纲基本一致，增加了跳伞、特技等训练内容。训练大纲定下来之后，她又向校领导提出她要改飞雅克-18型教练机的请求，而且还要求按学员的训练内容飞。这就意味着学员要飞近一年的课目，她要在一个多月的时间里飞完。她的"无理"要求校领导当然不会同意。没想到平时有些"软弱"的陈志英，执拗起来也像秦桂芳一样有股牛劲。当然她的请求并非无理。她这人不会与领导当面争闹，她是靠软磨，反复给领导申述她的理由。

"我与飞行学员不同，我已经飞了五六年里-2型运输机，复杂气象也都飞过了，算是'老飞'了。理论学习、体验飞行、基本驾驶、编队、转场等训练内容都可免掉，我重点了解雅克-18型教练机的性能特点，掌握以往没有飞过的特技课目就成。我相信有一个月时间，就可以飞完学员要飞的全部课目。我之所以要求改装，是因为这对培养第二批女飞行员有利。女同志最了解女同志，以后我可以亲自带飞和检查她们的飞行，用现身说法与亲身感受帮助她们克服学习中的困难。我想这也是空军首长调我来帮助培养她们的原因吧！"

五、训练篇 XUNLIANPIAN

她的理由与诚意说服和感动了校领导,最后同意了她的要求,让她去大屯机场改飞雅克-18型教练机。

一个月后的大屯机场,塔台附近聚满了人,有航校、大队领导,有飞行教员和机关工作人员,他们都以十分激动的心情仰视着2号空域,今天陈志英将给大家做结业前的汇报飞行,飞行课目有筋斗、大坡度、螺旋、滚翻等高难度的特技动作。2号空域就在机场的右上方,在场的人不用望远镜,都能清晰地看到飞机的行踪。

上午10点整,陈志英驾驶雅克-18型教练机,出现在2号空域。飞机在她的操纵下,时而跃升,时而俯冲,时而盘旋,时而翻滚。跃升时如同长剑破天,俯冲时好似流星泻地;盘旋时宛如天马行空,翻滚时仿佛蛟龙闹海。她的一杆一舵虽不像特技飞行员那样险象环生、扣人心弦,但也让观众目瞪口呆、惊叹不已。每当陈志英做完一个动作,观众就会报以热烈掌声。做完一系列特技动作后,陈志英驾机返场降落。飞机在她的驾驭下,就像一片鹅毛轻轻地飘落在跑道上。一下飞机,校领导走上前去,向她表示祝贺,一方面祝贺她以全优的成绩结业,祝贺她创造了中国航空史上的奇迹,在短短的一个月时间里就飞完了雅克-18型教练机的全部场内练习和特技课目。另一方面祝贺她成为新中国历史上第一个飞特技的女飞行员,开创了新中国女性飞特技的先河。

☆著名影星女飞行员李霞卿

曾经有人说陈志英是中国历史上第一个飞特技课目的女飞行员,过去我也这样认为,但我们必须尊重历史。后来我查资料获悉,她只是新中国第一个飞特技的女飞行员,而并非第一个飞特技的中国女性。20世纪二三十年代,中国就有了第一批华侨女飞行员,其中有辛亥革命烈士秋瑾之女王灿芝,有著名女飞行家张瑞芬。张瑞芬85岁曾回国省亲,她是第一个取得美国飞行执照的中国女性,也是中国第一个飞特技的女性,她在美国洛杉矶的一次特技表演曾轰动全美。1976年,她荣获美国建国200周年先锋奖章。当时与张瑞芬齐名的有著名影星飞行员李霞卿,她也飞过筋斗等特技课目,为抗日募捐曾到世界各地进行飞行表演。1997年香港回归时,她作为特邀嘉宾出席了回归典礼。还有香山双杰,欧阳英和朱慕飞。欧阳英于1920年11月在一次试飞过程中,不幸因机翼折断,坠机身亡,她是第一个献身航空事业的中国女性。朱慕飞是中国第一位空军女飞行员。后来还有华侨女飞行员黄桂燕、李月英等人。

陈志英改装训练结束之后回到校部,她不仅带回了优异的训练成绩,还意外地收获了爱情,28岁的她,在改装训练阶段认识了一位比她小6岁的教员,她爱上了他,后来两人上演了一场精彩的姐弟恋,留下了一段人间佳话,这段佳话留待后面详述。

1957年2月,我们第二批116名女飞行员从徐州到了长春第二航校。分学三种专业,48人学飞行,48人学领航,20人学通信。我被分在飞行学员区队。我们到航校后最高兴的事,就是新中国首批女飞行员陈志英和领航员魏砾两位大姐,从北京专机团借调到长春航校,负责培训我们。陈大姐担任学员大队副大队长,主管女学员中队。魏大姐任女学员中队的副中队长,主要负责女学员的思想工作。我第一次见到陈志英大姐,她就给我留下了极深的印象。她身高1.70米以上，可谓身材魁梧，但不臃肿，浓眉大眼炯炯有神，五官在椭圆的脸上组合得十分协调，显得十分俊美。她脸上总带着甜美的笑容，她语速缓慢，音调适中，话语中总透着亲切与慈祥。她没有一丝领导干部的架子，也没半点名人的傲气。我们对她有很强的信任感，我为自己能遇到这样的大姐而庆幸。陈志英大姐回到我们学员队时，大伙儿都为她觅到佳婿而高兴，吵嚷着早点吃她的喜糖。正当我们翘首以待，急切盼望着陈大姐带我们转入外场飞行时，一场整风反右运动，打乱了我们的训练计划。

反右派斗争在我们女学员中队是分两步走，先批判右派和右派言论，然后是自我批判，批四个主义：个人主义、自由主义、享乐主义、本位主义。学员之间相互批评。整风小组对每个人做出小结。最后是学员中队党支部对每个人做出整风反右运动的组织结论。

1958年春，整风反右运动结束后，学校政治部门对每个学员进行了更严格的政治审查，审查内容包括整风反右运动的表现，个人的家庭情况和社会关系的变化等。审查结果是100多名女学员大多数被淘汰，其中也有我，因为我姑父是资本家。一些有所谓右派言论的女学员被发配到北大荒去劳动改造。我算是幸运的，组织上决定我去学气象，宣布名单前陈

☆陈志英即将远航

志英大姐找我谈话，先是对我表扬了一番，接着是要我正确对待，服从分配，千万不要发牢骚闹情绪，并要我代表被淘汰的学员讲话。我当时强忍着委屈点了头，然后跑到厕所里大哭了一场。这是我有生以来，遭受最惨痛的一次打击。高中毕业后，我放弃大学不上，与父亲闹翻（他反对我参军，要我上大学），与姑父家断绝来往，和初恋的同学断绝关系；我吃苦耐劳，努力学习，事事处处听党的话，我所做的这一切都是为了飞上蓝天，可是这一切顷刻之间都化为泡影。随着飞行梦的破灭，眼前的一切全变了，连生命都失去了意义。我是越想越伤心，越想越委屈。要不是有陈大姐那番话支撑着，我肯定会倒下。第二天，我在分配大会上发言表态，表示坚决服从组织分配。我的发言对被淘汰的姐妹起到了稳定情绪的作用，我也做好了去学气象的准备。可是当天晚上，陈大姐又到宿舍里找我，她把我领到她的办公室，从我的宿舍到她的办公室，只有几十米的距离，然而就是这短短的几十米改变了我的一生。进到办公室后她拉我坐下，看着我可怜兮兮的样子，忙笑道："晓红，别哭丧着脸啦！组织上又慎重研究了你的情况，根据你的一贯表现，决定你留下来继续学飞行。"当时我是啥表情，后来一点也记不起来了，人被意外的惊喜惊傻了。后来才知道，是陈大姐的据理力争我才重新获得了飞向蓝天的通行证。宣布淘汰人员名单后，她让我表现要好，还让我代表发言，不让我发牢骚，这都是让我留下的理由。陈大姐为我的事，真可谓用心良苦，费尽心机。这是她第一次改变我人生的命运。

最后，140多名女学员，淘汰了68.2%，只剩44人转入外场训练，其中包括我在内的21人学飞行，17人学领航，6人学通信。

1958年4月1日，这是我终生难忘的一天。这一天我们正式开飞了，

五、训练篇 XUNLIANPIAN

踏上了通往云端的路。也就在这一天,我在滑行时,由于刹车动作太猛,使飞机拿了大顶(机头冲下机尾翘起),结果将发动机的螺旋桨打坏了一叶,致使整副螺旋桨报废,造成地面三等事故。

事故发生后,我不知所措傻了眼,泪水夺眶而出,红着脸,低着头躲在座舱里不敢出舱见人。很快陈志英大姐与其他领导赶到飞机前,陈大姐一面安慰我一面扶我出座舱。她眼里没有一丝责备,全是亲切的抚慰。教员饶和风的一席话,让我感动,令我铭记终生。他说:"小苗,别哭,这都怪我思想麻痹,和你没关系。就算是地面三等事故,也是我的,你不要受影响,我们都接受教训,你聪明好学,我有信心把你带出来。"但是事故的阴影总缠着我,飞行时患得患失,不敢做动作,结果落下了进度,迟迟放不了单飞。

有一天晚上,陈大姐找我谈心,让我放下包袱,轻装前进:"晓红,我们女同志掌握飞行技术没有什么先天不足,但是,我们女同志有一个致命的弱点,就是容易自卑,爱面子,特别是遇到一点挫折就容易陷进去不能自拔。你一定要战胜自己,丢掉一切私心杂念,不要怕出事。只要认真接受教训,你那么聪明,以后会飞得很好,千万别丧失信心,不敢飞了。你知道,你的飞行权利来得多么不易啊,领导上研究了多少次,我和魏大姐给你说了多少好话,你难道就不珍惜吗?你难道就不想争口气?现在领导、教员,还有20个姐妹都很关心你,为你担心。你自己好好想想,究竟还想不想飞,敢不敢飞?"

陈大姐语重心长的一番话使我醒悟,近两年的苦和累我都经受住了,难道就为这么一个跟头再也爬不起来?不!我是共产党员,我不能退缩,不能辜负陈大姐与饶教员的希望,我只要接受教训,相信自己,一定能飞

出来。在陈大姐与饶教员的鼓励和帮助下,我很快跟上了进度。我放单飞虽比其他姐妹晚一些,但放单飞后,我是越飞越好,进入了优秀学员行列。

在飞特技课目前,女人胆小的弱点在一些姐妹身上表现出来了。一听说要在天上翻筋斗,还要高速旋转着往地面俯冲,多吓人呀,一不留神就会粉身碎骨,听说航空史上这样的事屡有发生。幸好陈大姐率先飞了特技课目,她一方面从思想上做姐妹们的工作,一方面给大家做示范飞行。她飞得很精彩,她以高超的飞行技术打消了姐妹们的担心,给我们壮了胆。但实际飞起来,有些姐妹还是不敢大胆做动作,迟迟单飞不了。

由于我接受了教训,解放了思想,特技课目飞得很好,60度大坡度盘旋,我压的坡度一度也不少,筋斗我做得干净利落,做失速进螺旋我不胆小犹豫,教员夸我很有男子汉气魄。教学组还专门总结了我飞特技课目的经验。他们不是从技术上总结,而是从思想上总结。他们总结的经验是:打掉女孩子的虚荣心,让她们少一些小心眼、小计较,多一些大度量、大目标,再难的课目她们也能飞好,再难的动作她们也能做好。回头看看自己的航迹,还真是这么回事。这些变化与成绩的取得,应归功于陈志英大姐和饶教员。

陈志英大姐不仅对我的关心无微不至,对其他姐妹也倾注了同样的心血与情感。汪云至今还记得陈志英带她飞螺旋的情景,有一次,陈志英带汪云飞特技课目螺旋。改出螺旋后,汪云还一直蹬着舵,眼看飞机又要进入螺旋了,陈志英大声提醒她赶快松开舵。经她及时提醒才确保了飞行安全。因为雅克-18型教练机在800米低空,只能改一次螺旋,改两次高度不够,有坠机的危险。总之,我们21名女飞行学员,在航校时给陈志英大姐添了不少乱,开始是我拿大顶,打坏螺旋桨,紧接着俞亚琴着陆时打地转擦坏了翼尖,后来又是沈本华空中违纪开座舱盖、丢失绝密军用地图等。但她从来没责怪过我们,都是反复做我们的思想工作,鼓励我们轻装前进。她为培养我们所付出的辛勤劳动,只有我们这些受益、受惠、受教育的蓝天姐妹才能感受得到,我们后来所取得的一些成绩,都有她的一份功劳。

半个多世纪过去了,陈大姐也走了40多年了,但我仍想对着蓝天白云说一声:谢谢您,陈大姐!我希望我这发自内心的呼唤,能让您在九泉之下笑得更欣慰,更开心!您永远活在我们心里!

怀孕七个月还在飞的闯将

我虽然在航校开飞首日拿大顶受挫,但在后来的飞行道路上,我是顺风顺水,福星总是高照在我的头顶上。我到西郊机场后,被分在五大队,恩师陈志英是这个大队的副大队长,而我的改装教员是秦桂芳中队长。这一连串的喜事,令我乐得都找不到北了。早在航校时陈志英大姐就多次向我们介绍过秦桂芳的事迹,我不仅从报刊上读到过介绍她业绩的文章,还在《人民画报》上见到过她的形象。知道她是一位名扬中外的蓝天女闯将。我不仅有幸和她生活在一个大队,与她朝夕相处,而且她还成了我的改装带飞教员,可以

☆秦桂芳的英姿

直接向她学习她那高超的飞行技术，聆听她对飞行的独特见解，这真是我飞行生涯中最大的幸事。

在秦桂芳中队长身上，可以无须夸张地说，同时凝聚着男人和女人的美。虽然她从不注重修饰，穿着也总是跟不上时代潮流，但她皮肤细嫩红润，两个大大的黑眼球使她的双眼又大又亮，微笑时隐约可见两个圆圆的小酒窝，使她不失女性之美，她是位很有魅力的漂亮女子。她不仅具有女人的外貌之美，而且还具有男性的阳刚之美。她1.65米的身高，适中匀称的身体，硬朗得好似钢铁铸成一般。她潇洒倜傥，豪放开朗；她作风泼辣，胆大心细；她为人正直，大度豁达；她遇事冷静，临危不惊；她勤于动脑，善于观察。要不是有些自由散慢，不拘小节，她可算得上是一位完美之人。直到今天，我个人认为秦桂芳是中国女飞行员中最为杰出的风云人物。如果不是历史的原因，她一定会在航空事业上创造出更加辉煌的业绩，可以和世界上任何一位著名女飞行家媲美。有这么优秀的飞行员带我改装，能不兴奋激动吗？

百闻不如一见，在改装训练过程中，我才真正了解了我的教员。秦中队长带飞我时，总是先把操纵要领讲得清清楚楚，到空中后就放手让我自己大胆驾驶，当我操纵不当时，只要不危及飞行安全，她总是笑呵呵地看着我，让我自己纠正。一般情况她不插手操纵，总把机会留给学员。带飞教员怕不怕学员犯错误，敢不敢放手让学员纠正错误，这与教员本人对飞行技术的熟练程度和把握安全的能力有关。秦教员之所以敢于放手让学员操纵，是因为她对整个飞机的性能、特点了解得非常清楚，完全有把握让学员在保证安全的范围内自己纠正自己的偏差。由秦教员带飞，我一点也不紧张，也不怕自己出偏差，有她在右座坐着就有安全感。

有一次飞转场训练,那天的航线是北京－西安－重庆,飞行高度3600米。进入陕西上空时飞机时而能见时而进云。由于当时我的领航技术不过硬,完全按领航员给的航向飞。谁知领航员计算有误,我们偏航了,而且是偏向秦岭方向。当时我一点也没发现,闷着头往前飞。这时坐在右座的秦教员笑呵呵地问我:"你要往哪里飞?"

"当然是往重庆飞呀!"我顺口答道。

"你仔细看看无线电罗盘的指示!"

我仔细一看指针指在346度的位置上,这时才知道偏航了。秦中队长还是看着我笑,那意思很明显,偏航了看你咋处理。我不等她发话,赶紧

☆在学员面前秦教员总是微笑着

压杆蹬舵,修正航向,两三分钟后,飞机出了云,看到秦岭从侧面掠过,好险!我被吓出一身冷汗,她却坐在一旁还在乐,一副悠然自得的样子。

讲评时,秦教员像换了个人似的,脸上没有了笑容,非常严肃地指出:"一个合格的飞行员,任何时候都要心中有数,因为飞行训练出来要当机长,你是一机之长,不能完全依赖领航员,自己一定要清楚飞机的状态、飞机的位置、航线上的天气、降落机场的净空条件等。要不然就像你今天那样,开着飞机往秦岭上撞。晓红,你一定要记住,飞行员错不起,有些错误,往往没有改正的机会,老天爷不会让你第二次撞山。"

讲评完后，我问她："秦中队长，你是不是早就发现飞机偏航了？"

"当领航员告诉你航向时，我就发现不对，他的计算有误差。"

"那你为什么不早提醒我，险些撞山。"

"傻丫头，我是看你能不能自己发现错误，纠正错误。放心吧，有我为你保驾护航，还能让你撞山。再说啦，我也不会拿我的小命开玩笑，我有安全底线。"

"您可真能沉得住气，万一我紧张做错了动作咋办？"

她又笑了，笑得很开心："你虽然没发现航向的错误，但你最后的处置很果敢，动作很准确，只有这样你的翅膀才能练硬实。我当时要是替你操作，你哪有这紧急处置的机会，也不可能有事后千金难买的体会，这就是经验，我把经验留给了你。"

听完她的话，我又把当时的情景回忆了一番，在慢慢回放的镜头中，我才真正明白了她的良苦用心。此时，我打心眼里感激秦教员，敬佩秦教员，她是最好最好的飞行教员，如果有一天让我当飞行教员，我也要像她一样带学员。

☆秦桂芳（中）与年轻女飞行员在一起

我在秦教员的带飞下，不仅很快掌握了一般的驾驶技术，还学到不少她创造的绝招。例如，里-2型飞机的性能规定，90度的正侧风最大风速不能超过8米/秒，超过这个风速着陆就有偏出跑道和擦翼尖的危险。而秦教员通过多次观察中国和苏联民航（解放初期，西郊机场是军民合用）飞行员的起降方法，以及本部队一些国民党起义留用飞行员的侧风修正方法，结合自己的飞行实践经验，总结出了一种"上风头修正法"。用这种方法修正侧风，大大地提高了里-2型飞机大侧风着陆的极限，由8米/秒提高到12米/秒。按教材和大纲规定，飞行员在准备着陆的下滑航道上，有侧风时，一直要向来风方向压住杆，向来风的反方向蹬住舵，即侧滑修正法，确保飞机对正跑道中心线下滑。随着飞机速度逐渐减小，就要逐渐增加压杆蹬舵的量，当杆和舵用到最大限度时，飞机必须着陆，若再不接地，飞行员再也无法用杆和舵修正了，只能复飞。秦教员的"上风头修正法"与上述方法不同。在五边准备着陆的下滑航道上，把飞机放在侧风的上风头一侧，既不压杆也不蹬舵，而是借助侧风风力，将飞机逐渐吹到航道中心线上，当飞机接近中心线快落地时，飞行员才开始用杆和舵修正侧风，这样杆与舵的可用余地很大，飞机着陆后，杆与舵都用不到极限量。

为了苦练这一招，她没少挨批。有一次团长指挥训练，她五边下滑时，不是对正跑道，而是偏向侧风一边。团长便提醒她："06号对正跑道下滑。"

她也不吱声，仍在上风头一侧下滑。团长急了，连声高叫道："06号，对正跑道！对正跑道……"

他还在喊，而她却轻松落地了。当然，不听指挥的她，难免挨一顿狠批，说她是歪门邪道。直到大同救灾她的"上风头修正法"让大伙儿尝到了甜头，才得以正名。因为在那种特大侧风情况下，也顾不了许多了，无论白猫黑猫，能逮住耗子就是好猫；无论这方法那方法，能将救援物资送到灾区就是好方法。现在回顾那场大同大救援，秦教员总结出的"上风头修正法"发挥了极为重要的作用。

20世纪五六十年代，北京基本上无暖冬，露天冰场一般能使用2至3个月。3月的北京乍暖还寒，飞行员平时都还穿棉衣棉裤，飞行时则穿棉皮飞行服和高筒毛皮飞行靴。女飞行员身着棉军装或棉皮飞行服，娇美的身段都无法显现。也没有男同胞专注她们的曲线，她们彼此更不关心身材的变化。秦中队长怀孕三四个月后，我们才知道她有了身孕。这时已经是5月了。首先透露她怀孕信息的，不是她的肚子而是她那身打扮。她不再穿佩有中尉军衔的军装，而是穿一套肥大的男式单军装，不用问，这准是她爱人王效英大队长的旧军装。无论飞不飞行，她都穿着这样的"孕妇服"。除衣服变了之外，她其他一切活动都和怀孕前一样。飞行人员每天有1小时体育锻炼时间，她照样在球场上和男同志拼抢，上机场飞行照样和大家一起走路。飞行员的生活区在机场的东南角，停机坪在机场的西边，号称西停机坪，两地之间的距离大约5里路，中间要穿过跑道。那年月，后勤保障条件差，空地勤人员往返机场没有汽车接送，全靠两条腿，大伙儿戏称"11"号。如有紧急任务，就跑步上机场。秦中队长肚子大后，也跟大家一样，挺着大肚子走来走去，风雨无阻。部队规定，每周机务人员要对飞机进行一次定期检查，叫机械日。为了密切空地勤人员的感情，机械日这一天，空勤人员要用半天时间去机场擦飞机，秦中队长怀孕后没落下一个机械日。

1959年10月1日，是中华人民共和国成立10周年大庆日。为了迎接10周年大庆，我国将从苏联引进一批伊尔-18型大型客机。西郊机场原有跑道的长度、宽度和厚度都不满足该机型起降的要求，于是空军决定翻修跑道，所有飞机临时转到京郊其他机场。我们这批正在改装训练的飞行人员，组成训练小分队转场到沈阳东塔机场，在那里继续训练，计划于机场跑道修好后返回北京。

已有4个月身孕的秦中队长要不要去沈阳,团与大队两级领导的意见高度一致,都不同意她继续当教员,让她留守。原因很简单,如果她去沈阳继续带飞改装学员,那就意味着她要怀着六七个月的孩子飞行,这可是自有女飞行员以来,从未有过的事,万一有个闪失,上至空军领导,下至她爱人王效英大队长以及第一批姐妹,都没法交待。当时我们学员的心情很矛盾,一方面不希望中途换教员,强烈希望秦中队长能和我们一起去沈阳,但另一方面又想让她留下,好好保护肚子里的孩子,不忍心为我们改装的事,让她冒风险。不过通过近半年的接触,我已了解她的性格,也只有一个人能留下她,那就是她爱人王效英。除此之外,没有人会有办法让秦桂芳留下。但根据我的观察了解,这个唯一能留下她的人,又偏偏不会留她。为什么?后面自有答案。果不出我所料,能留她的人没有留她,那些留不住她的人自然无法让她留下。就这样已有4个多月身孕的秦桂芳带着我们飞往沈阳,开始了紧张又愉快的飞行生活,书写了一段航空史上的传奇佳话。

沈阳东塔机场当时是军民两用机场,除我们训练外,还有民航班机起降。在那里除一些了解内情的人以外,机场不少人并不知道秦桂芳是女

☆秦桂芳(左一)的潇洒英姿,中为邱以群,右为万婉玲

飞行员，都当她是一位有孕家属。

东北沈阳的夏天也不是很热，秦桂芳一个夏天都没穿过衬衣，总是套着一件肥肥大大的旧军装。说心里话，她能和我们一起来东北，我们很感动。她带飞的学员共5人，我和韩淑琴之外，还有3名男学员，他们是从歼击机部队转过来的。我们5人经常做的一件事，就是起飞之前，先把秦教员坐的座椅调整好，免得操纵飞机时，驾驶盘顶到她肚子里的孩子。随着秦教员肚子里的孩子逐渐增大，她坐的座椅向后调到了尽头。在空中我们尽量注意动作，特别是着陆往后拉驾驶盘时，动作不能太猛，有时拉不到位，秦教员发现后，很少动手的她，会出手拉一把，一边拉还一边笑谑道："你手下留情，未出世的孩子看不见，听不着，不会感激你。"有一次着陆，我老想着一定要轻着陆，千万别蹾着教员肚子里的孩子。由于思想开小差，目测没掌握好，着陆时拉飘了，飞机蹦了几次后才重接地。当时我想到的不是教员给我打几分，而是她肚子里的孩子。那时她肚子里的孩子快7个月了，万一把孩子给蹾掉了可咋整。我一走神，又没控制好方向，眼看飞机就要偏出跑道，在这关健时候，挺着大肚子的她，压杆蹬舵，立刻把飞机纠正过来了，动作还是那么麻利，根本不像有7个来月身孕的孕妇。

当天晚上散步时，她说了一番令我终生不忘的肺腑之言，她说："晓红，你一向飞得很好，今天出现一系列差错，原因不在你，而是我肚子里的孩子。你的想法我明白，都是为了他（她）好。可是你想过没有，由于你思想不集中，出了飞行事故，那我未出世的孩子就成罪魁祸首了。你应该了解我，我之所以来沈阳，唯一的目的就是把你们尽早带出来。不是我有意偏心，我对你与韩淑琴的关爱要多一些，因为你俩是女飞行员，是我们的接班人，'女飞'精神要靠你们发扬光大。我可以坦白地告诉你，我不是不考虑肚子里的孩子，这是我的第一个孩子，老王也很看重这个孩子。我当然要百倍呵护他（她）。但孩子与咱们的事业比起来，孰轻孰重，不用说你也清楚。万一孩子掉了，我们还很年轻，还可以再要再生，可你们的飞行时间耽误不得，流失的时间追不回来。当然，不是说离开我地球就不转了，也可以换教员带你们，但中途换教员，会影响你们的训练进度，因为教员了解学员和学员适应教员都要有一个过程，这个过程需要时间。同时我相信我自己总结出的格言：'娇贵非福，皮实非灾'。他（她）未出世就随娘顶风雨，踏云浪，将来一定比娘还皮实。"这次谈话，我才真正接触到了秦桂芳中队长的内心世界。

1959年国庆前夕，我们顺利地完成了改装训练计划，回到北京。1959年10月29日，秦桂芳的第一个孩子出生了，是个男孩，取名王秦岳。离她产前最后一次飞行才两个多月，后来有人和秦桂芳开玩笑："你怀第二个孩子的时候，争取打破你自己创造的纪录，干脆把孩子生在天上。"由于这件事太离奇，至今仍有人怀疑它的真实性。还有更离奇的，产前的第10天，她还在塔台指挥飞行。秦桂芳就是这么一个神奇的女人，神奇得令人难以置信。

秦中队长不仅是我的良师，教我飞行技术，传授飞行经验；她还是我的益友，关心我的生活，帮助我寻求爱情与幸福。前面写过，老伴何孝明一生与女飞行员有缘。他与秦大姐之间也有一段奇缘。1957年年初，他来到西郊机场后，就分在秦大姐所在的三大队，大队长是后来成为秦大姐爱人的王效英。那时老伴才是一个下士地勤兵（我军第一次实行军衔制时，士兵军衔分列兵、上等兵、下士、中士、上士五个等级），秦中队长已是中尉飞行机长。秦大姐一生没有等级观念，对上不阿谀奉承，对下不轻慢

☆秦桂芳（中）看望作者老两口时的合影

歧视，一视同仁。两个人都喜欢看书，有共同语言，而且爱好相同，都是篮球场上的高手，都是部队男女篮球代表队的主力。秦大姐各类球都玩得很好，其中篮球技术最出色。

早在1948年，她在香港读书时，就被选入香港青年会组织的"公民女子篮球队"。那年暑假，她们球队乘飞机去菲律宾比赛，受到当地华人的热烈欢迎，那时她才14岁。她凡到一个单位，都是这个单位女篮的绝对主力。航校学习期间，由女飞行学员组成的女篮，打遍牡丹江市无敌手，在当地很有名气。到部队后她的这一特长得到充分发挥，团长、政委都钟爱篮球。只要在这个部队待过的人，无论是干部战士，还是职工家属，都知道秦中队长在天上巾帼不让须眉，在球场上也一样不服男子汉，经常光着脚丫子和他们拼抢。物以类聚，人以群分，共同的爱好使何孝明与秦大姐很快熟悉了，秦大姐有时还利用出差的机会替他买书，我们家的那套《汉书》就是秦大姐1963年"三八"节在北京给买的（老伴有个习惯，在书的扉页上都注明购书日期与地点）。她与孝明在同一个飞行大队生活工作的时间长达8年之久，两人之间结下了深厚的战斗友情，当我与孝明相爱的事传出去之后，反对之声四起，连我最敬重的陈志英大姐开始时也反对。因为何孝明有明显的弱点，他不大关心政治,迷恋小说,不务正业。第一批女飞行员中,第一个知道我与孝明好的是秦大姐,第一个支持我的也是秦大姐。这也是半个多世纪以来,我们两家联系不断的重要原因。2010年11月,为了帮助我收集资料,老伴专程去了一趟广州,在秦大姐家住了5天,受到秦大姐和王老将军的热情接待。他们还给孝明看了从来未让外人看过的保存了50多年的爱情日记。老伴回来后对我说的第一句话就是:"我发现了新大陆,看到了秦、王二位首长珍藏了半个多世纪的爱情日记,日记真是让我震撼。"日记上写些啥,下文自有分解。

敢说"不"的大嘴辣妹

第一批女飞行员中,有4位先后调离专机部队,王坚与施丽霞于1954年调往南苑机场,邱以群于1959年2月调往十六航校,她们3人主要执行教学保障任务。武秀梅于1966年3月,调北空运输团,主要执行北京空军的军事空运任务。

1954年,空军成立了"指挥员训练班",训练师团干部,让他们学习空中领航,"指挥员训练班"驻南苑机场,请有苏联顾问。施丽霞调到南苑机场后,苏联顾问对她这个大眼大嘴姑娘很不信任。施丽霞的眼睛大得出奇,欣赏她的人说她的大眼像一对银铃,又大又亮;与她不对付的人(施丽霞不仅眼大嘴也大,她的大嘴从不饶人,炮筒子,到处"树敌"),却说她长的是一对牛眼,与人干架时,牛眼红得喷火。苏联顾问都叫她大眼睛姑娘,他们欣赏她的美丽,却怀疑她的技术。她调到南苑机场后,苏联顾问要对她进行技术检查。

考核飞行的那天上午8点10分,苏联顾问上了施丽霞驾驶的飞机,顾问斯道尼科夫坐在右座上(一般飞行时副驾驶员坐在右座,教学飞行时,教员坐在右座),施丽霞坐在左座。前文写过,施丽霞一生"犯上",从不怵官,多大的官在她眼里就是一个普通的人,自然也不怵身边的这位洋顾问,相反还要杀杀他的傲气。她从开车起,将一系列动作做得既准确又利落,让顾问无可挑剔。顾问当然不会让她顺顺当当地飞,趁她不备时,关掉了飞行员与地面联络用的3M电台的电门。四转弯前,施丽霞按下驾驶盘上的发射按钮与地面塔台联络:"红城,1567请求进入五边着陆。"空军给每个飞行员都编了号,1567是施丽霞的飞行编号。

耳机里没有塔台的回答。施丽霞又呼叫了一次:"红城,红城,我是1567,我是1567,听见请回答。"

指挥员仍然没有回音,耳机里连点杂音都没有。施丽霞立马判断出电台故障,她随即检查了飞行帽的插销,看是否脱落,然后下意识地向电台开关望去,并随手打开被顾问关掉的电门,很快耳机里响起了指挥员急促的呼叫声:"1567,1567,我是红城,听见请回答!听见请回答!"恢复联络后,施丽霞忙里偷闲冲坐在右座的顾问笑着做了个鬼脸,那意思很明显:

☆大眼大嘴姑娘施丽霞

"您的那点小动作难不倒我！"飞机落地后，顾问冲施丽霞竖起大拇指，嘴里连连叫道："哈拉绍！哈拉绍！"（俄语，好的意思。）飞行成绩大本子上她的每项成绩都是5分。从此施丽霞被苏联顾问重用，为进一步提高她的飞行技术，斯道尼科夫顾问先后两次带她到哈尔滨、杭州进行昼复、夜简和夜复训练。

施丽霞的自传里，有一段她飞夜航时的感受："夜间航行，在空中别提有多美了，这种心旷神怡的心情无法表达。天上星星点点，地下万家灯火，天地连接处，星光灯光混成一体，蔚为壮观。祖国辽阔的天空，到处是我的家，任我自由翱翔，我是一只快乐的小鸟。啊！祖国的夜空太美了，我愿夜夜将你守卫！"这段诗一般的感受，充分反映了她当时的愉快心情。

施丽霞在苏联顾问的培养下，很快飞完了"四种气象"的训练课目，成为一名"全天候"机长，她执行任务的气象条件是：云底高100米，能见度1公里。有一次飞大连，当地天气异常复杂，云底高只有50米，过远距导航台了，塔台指挥员还看不到飞机，急得他连声呼叫："1567，1567，你在什么位置？"

"我在跑道延长线上，马上出云了。"听到施丽霞的镇定回答，指挥员才放下心来。以后施丽霞执行了不少艰巨的飞行任务。

有一次，空军调她们机组到哈尔滨第一航校，为他们进行飞行员投弹训练。凡是没有接触过女飞行员的人，大都会犯轻视女人的毛病，看不起她们，航校的教员和学员也不例外，一看是位年轻的女机长，都对投弹训练信心不足，因为这是一项对飞行技术要求极高的训练课目，飞行员和投弹人之间的配合要非常密切，否则，炸弹不可能命中目标。别看施丽霞平时粗手粗脚，从她身上很难找出女人的温柔，然而一到飞机上，往驾驶员

座椅上一坐,她就像变了个人似的,各种动作的力度把握得非常精准,该用力的动作,一点也不含糊,需要多大力她使多大力,恰到好处,绝不逊于任何男飞行员。对该轻柔的动作,她会一改地面的粗猛,用学员夸她的话说,"施机长飞行像绣花,动作精细柔和"。大伙儿戏称她为"蓝天绣女"。

投弹训练的具体任务是:每次上3至4名学员,每人投3枚炸弹,每进入靶场上空一次投一枚。若空中侧风不大,学员计算准确,飞行员航行诸元保持得好,即可顺利投下炸弹,取得好成绩。施丽霞为了保持好飞机的高度、速度和方向,操纵起来真如绣花一般轻柔细致。学员喊左2度,她立即手脚一致地柔和操纵飞机向左改2度,喊右2度,她又向右改2度。动作一点也不粗,否则10度都出去了,还得来回修正。施丽霞凭着她过硬的飞行技术,往往是一杆一舵到位,学员喊几度就是几度,既迅速又准确。学员又送她一个雅号:"一舵准"。有一个学员还给施丽霞写了一首诗,内容如下:

献给蓝天绣女的歌

传说神女隐巫山,未曾下凡来人间。

今日得见飞天女,从此男儿不羡仙。

您摘彩云作丝线,绣出朵朵红牡丹。

牡丹开在青烟里,伴我长空把敌歼。

虽说这首诗有点像顺口溜,却非常真实地反映出了学员对施丽霞的赞赏、感激和爱慕之情。

这次任务,不仅难度大,飞行强度也很大,一天飞3次,要飞八九小时。从天不亮就起床,直到日落西山才离开机场。当时正值隆冬季节,她虽然穿的是狗皮飞行靴,脚还是冻得跟猫咬似的痛。每飞完一次,下飞机后就在机场连蹦带跳地跺脚。但为了培养飞行学员,苦和累施丽霞全不在乎,她只有一门心思,就是飞!飞!飞!在这种高难度、高强度情况下,施丽霞机组连续飞行了3个月,出色地完成了任务,受到航校领导、教员和学员的一致好评,她还没回到北京,为她请功的电话就打到了"一高专"校长办公室。"指挥员训练班"后改为空军第一高级专科学校,简称"一高专"。

☆施丽霞的男性风采

校领导正准备给她立功的时候,她却在沈阳惹了祸,告状电话也打到校长办公室。

原来从哈尔滨回北京不久,她又率领机组去大连周水子机场,帮助沈空训练领航学员。有一次,飞夜航到沈阳东塔机场着陆加油,然后准备返回大连,到调度室办手续时,沈空不放飞,要她们机组当晚和沈空歼击机部队进行一次夜间攻击练习,让她们当靶机。施丽霞一听,牛脾气马上上来了,当即与他们吵了起来。她火气大,嗓门高:"你们是沈空,我是北空,你们没有权力命令我给你们当靶机。"

"你现在是在沈空执行任务,就得听我们指挥。"

"你别弄错了,我来沈空的任务是为你们训练领航员,不是给你们当靶机。"

"既然这样,我们直接与北空联系,让他们给你下达命令。"

施丽霞见他们要拿北空领导压她,更火了,调门也更高了:"老实告诉你,你们别拿北空领导压我,我相信北空领导不会同意你们的无理要求。白天我们没进行任何研究,根本不知道如何攻击法,怎么进行联合演习?仓促上阵,出了问题你们负得起责任吗?"

"这点你放心,出了问题我们负全责。"

"屁话,飞机都摔了,你负全责管屁用。"

她的脏话一出,争吵立刻升级。

"原来你是个胆小鬼呀!"

"我是胆小鬼,你找胆大的去,干嘛老缠住我们不放。"施丽霞飞行不输男儿,吵架也不让男儿,一群男人硬是拿她没办法,最后还是放她走了。

架是吵赢了,但到手的军功章吵飞了。回到"一高专"她受到了严厉的批评,主要是批评她不该和兄弟单位领导吵架,更不该爆粗口,有损女飞行员的形象,造成了很不好的影响,但对她坚持原则这一点还是给予了肯定。

1966年,施丽霞因身体原因停飞,1969年调到诸城机场任调度长。头一天上班就闹了笑话,她向高密机场调度室打电话通报本场飞机活动情况时,对方非常吃惊,以为她打错了电话,忙问她:"你是哪里?你是谁?你的代号?你为什么是个女的?"

难怪对方一连发出4个问号,因为空军,乃至全国当时还没听说有女航行调度员。以后,凡是第一次接听她电话的对方,几乎都问同样的问题。每次她都要解释半天。对这些解释她既感到麻烦,又感到骄傲,因为自己很可能是中国第一个女航行调度长。

俗话说江山易改,本性难移。施丽霞的工作变了,单位也变了,但她

"犯上"的本性一点也没变。有一次,济空运输团准备到诸城机场进行夜航训练,济空训练部门打电话问施丽霞,机场的夜航设备是不是齐全,能不能保障夜航训练。施丽霞没立即表态行还是不行,她说要进行调查。接完电话后,她对机场的所有夜航设施如滑行灯、跑道灯、跑道头灯、引导灯、探照灯和各种标高灯以及电路、备份发电机等都逐一进行了检查,发现全部完好,运–5型飞机来机场飞夜航没有任何问题。于是她将运–5型飞机要来飞夜航的事和她检查的情况先向团长做了汇报。团长听后不同意运–5型飞机来诸城飞夜航,因为那将增大部队的工作量,保证飞行安全的压力也很大,他让施丽霞以没有探照灯为由,回绝济空训练部门。施丽霞则认为弄虚作假欺骗领导机关是错误的,要有大局观念,不能只打本单位的小算盘,她不同意团长的做法,主张如实向领导机关汇报。因施丽霞到诸城时间不长,团长还不了解她的性格,想用团长的权势压服她,便很气愤地对她说:"你是团长还是我是团长?"

"当然你是团长。"

"明白这点就好,那就按我说的办。"

"对不起团长,我这个人从来只认理不认官,你不同意,我也只能实话实说,如实上报。"

团长用冒火的双眼盯着她,半天没吱声,他心里一定在想:哪里调来这么一个满身是刺的刺儿头,敢和我团长对着干。可是他自知理亏,一时拿她没办法,最后一摆手:"你要是不计后果的话,爱怎么报就怎么报,你走吧!"

施丽霞不顾团长的威胁,将检查情况报给了济空训练部门,不久运–5型飞机来到诸城机场,进行了为期一个多月的夜航训练,施丽霞担任指挥员。她在不影响飞行训练计划的情况下,组织一些从未坐过飞机的地勤人员、干部,轮流坐了一次夜航飞机。运–5型飞机的夜航训练进行得非常顺利,领导机关满意,机组满意,坐过飞机的人更满意,唯独团长不满意。施丽霞所领导的调度室,已被场站评为"四好先进单位",后被团长拿掉了。没想到报复来得这么快,这么明显,她做好了打背包走人的准备。不出所料,不久她被调离该团,成了一名普通的教员。但她对自己的行为一点也不后悔。几十年的风风雨雨,不仅没有将施丽霞的一身傲骨磨软,相反是愈磨愈坚。

平凡的奶奶飞行员

☆年过半百的武秀梅

武秀梅的飞行生涯中,没有正式当过飞行教员,她既没有像伍竹迪、秦桂芳那样带飞过男女飞行学员,也没有像陈志英、黄碧云、何月娟那样到航校培养过学员,但在培养训练年轻飞行员,加强飞行人员队伍建设方面,她同样做过重大贡献,同样功不可没。她的一生很平凡,很少有轰动性的事,但平凡中包含着不平凡,她对飞行事业的那份挚爱,她高度的飞行事业心是很不平凡的。她是空军树立的无比热爱飞行事业的一面旗帜，她是用自己的榜样作用，教育和影响一代又一代年轻的飞行员。她是教年轻飞行员如何忠于职守的好教员。

武秀梅是第一批女飞行员中，唯一飞到最高年限的幸运者。在长达33年的飞行生涯中，她创造了一系列平凡而伟大的业绩。武秀梅的接受能力不是很强，飞行技术与同期姐妹相比并不靠前，但她的敬业精神，以及她对飞行事业的挚爱程度，在所有女飞行员之中，不说是第一，也是最优秀者之一。《空军报》在刊登她事迹文章的同时，专门写了一篇短评，短评中是这样评价武秀梅的："我们应当珍惜'飞行员'这一光荣的职称，牢记党和人民的殷切期望和关怀，始终以革命利益为第一生命，以个人利益服从革命利益，像武秀梅同志那样把全部心血都用在飞行事业上。"①武

☆武秀梅（右五）与年轻女飞在一起，右二为中国第一位女飞将军岳喜翠

---

① 摘自1978年7月27日的《空军报》。

秀梅大姐的的确确是把她的全部心血用到了飞行事业上。正因为如此，党和人民给了她很高的荣誉。由联合国教科文组织赞助、中国少年儿童出版社出版的《中华女豪杰》一书收录了她的事迹。该书一共收录了15位中华女英豪，其中有宋庆龄、秋瑾、赵一曼、刘胡兰、林巧稚等名人。武秀梅大姐能与她们并列，足见她的社会影响力之大了。她立过二等功一次，三等功多次。2009年11月，还作为英模人物代表受到胡锦涛主席的接见，她是我国唯一受到毛泽东主席与胡锦涛主席接见过的女飞行员。

☆武秀梅（中）给年轻女飞行员传经

凡认识武秀梅的人都知道，"妈妈要飞行"成了武秀梅的口头禅，每当孩子不放她走时，她总是用这句"妈妈要飞行"哄孩子。1974年夏的某一天，武秀梅在起飞线突然接到卫生队打来的电话，说是她的女儿忆飞得了急性肝炎，必须立即送空军天津医院治疗，她的爱人老贾又不在家，让她陪孩子去医院。可是，眼看飞行训练就要开始了，她是指挥员，如果她离开，换旁人指挥，得耽误开飞时间，影响飞行训练。可是不走吧，母女连心，又放心不下孩子，做母亲的在女儿最需要的时候，不能陪伴她，真是于心不忍。心里斗争了一会儿后，她狠心给卫生队回电话，请他们代为照看孩子，自己因指挥飞行离不开。

打完电话后她毅然地走上了塔台,不久一颗绿色信号弹破空而起,一架架银燕在武秀梅指挥下,似一柄柄利剑直刺云天。

武秀梅不仅能正确处理事业与亲情的关系,她还树立了不怕牺牲的生死观。飞行事业是一种高风险的事业,特别是在飞机落后、各种安全保障条件差的情况下,执行各种紧急任务,练习各种高难度课目时,只要飞机一离地,就有遇险的可能。"死亡"是每一个飞行员必须面对的现实问题,也是对每个飞行员的严峻考验,武秀梅经受了三次大考验。

新中国女飞行员自飞天以来,先后有5人在空难中牺牲,她们是陈志英、潘隽如、徐保安、马杰、王春。其中两名与武秀梅关系密切,一名是陈志英,是她同一批的姐妹,两人在一起生活工作了16年之久,感情异常深厚。陈志英牺牲后,武秀梅悲痛欲绝,异常痛苦,好几天睡不好觉,吃不下饭。生与死的问题也曾在她脑子里斗争过,然而那时她想的更多的是如何继承大姐的遗志,完成好大姐未竟的飞行事业。

1962年2月9日,西郊机场发生大空难时,她也在场,亲身体验了生命的脆弱,瞬间10名战友化为灰烬,她真切感受到了飞行的危险性,但她那时血气方刚,初生牛犊不怕虎,并没有感到害怕,丝毫没影响事业心。

有一年的一个大晴天,第四批女飞行员马杰飞超低空课目,她驾驶运-5型飞机迎着阳光飞行。由于那天骄阳似火,光线太强,她没看到前方的高压线,结果飞机撞到高压线上坠毁,机组人员全部遇难。马杰是武秀梅手下的兵,航校毕业后就分到了她所在的单位,当时她是团副参谋长。飞行部队凡发生一等事故,都会产生负面效应,影响部队士气。马杰等人牺牲后,部队情绪低落,对武秀梅也是一次考验。马杰的遇难与前两次不同,这时武秀梅已超过空军规定的女飞行员最高飞行年限,只要自己申请随

☆武秀梅（前排右一）回老部队给女飞行人员讲当年毛主席接见时的情景。后排左三为底建秀

时可以停飞。是保一生平安而要求停飞，还是冒着一定的风险继续飞行？她处在人生的十字路口。有人劝她见好就收，给自己画一个安全圆满的句号。再加上双膝骨质增生，何苦还要到蓝天上去拼搏，去玩命。（有一段时间，她双膝骨质增生，走路都很困难。这种病也无特效药可治，医生的意见是停飞静养。她视飞行如生命，当然不会甘心因骨质增生而停飞，硬是强忍疼痛坚持慢跑锻炼，配以药物治疗，居然创造了奇迹，骨质增生得到了抑制，疼痛有所缓解，虽没有彻底治愈，但又能飞了。）飞机失事后，有些人想停飞，苦于找不到理由，她有的是停飞理由，却犯傻不用。武秀梅不愧是空军树立的飞行事业心强的一面旗帜。经过认真思考之后，她选择了后者，继续飞行，并主动要求飞一些不少人不敢再飞的超低空课目，直到停飞前一天，她还在飞超低空课目。

武秀梅为了延长飞行生命，保持身体健康，从不放松体育锻炼。无论是三伏酷暑，还是数九寒冬，她一年四季坚持晨练，从没间断。有天早上，武秀梅与往常一样在营区的马路上跑步，有几个上小学的孩子从她身边经过时，很有礼貌地与她打招呼："奶奶，早上好！"

"小朋友好！"孩子走远了，她却站在原地没动，望着孩子们的背影发愣。"奶奶!"这是她第一次听到有人这么叫她,这声本来很亲切的呼唤,却像钢针一般刺痛了她的心。"奶奶?"难道自己真的老了吗?老到了当"奶奶"的岁数了吗?年近半百的武秀梅,最怕的就是别人说她老。她不服老的原因很简单,就是担心领导因年龄关系让她停飞。那时空军规定女飞行员的最高飞行年限为48至50岁,她已超过了规定年限,本该停飞,但领导上考虑到她的身体情况与本人强烈的求飞欲望,延长了她的飞行年限。处在延长期的武秀梅自然对年龄最敏感,"奶奶"二字正好刺中了她这根敏感神经。

武秀梅无心跑步了,回到宿舍找出镜子,对着镜子仔细端详自己的面容。岁月不饶人,长空的风霜雪雨更不饶人,这一照还真发现自己老了,眼角有了鱼尾纹,头上有了白头发。于是她对着镜子拔头上的白丝,她要消除显老的特征。拔了几根后她泄气了,白发太多,无法拔完。事又凑巧,当天有一趟运送军需物资的任务,她知道后想去争取,当场有同志和她开玩笑:"嗨!你的岁数,是当奶奶的年龄了,还跟我们争啥!"武秀梅为人憨厚,性格温顺从不计较个人的名利得失,很少与人红脸怄气,可是这次她急了,当场与他们争辩起来:"我为什么不能去?1976年7月唐山大地震,我不是第一个去唐山机场落地的吗?1981年9月的华北大演习,我不也和你们一样坚持下来了吗?"

大伙儿一看她真的动气了,便不再和她说笑,领导和同志们都了解她,很理解她的心情,属于她的飞行时间不多了,就让她飞吧。她也不光是为她个人争飞行时间,她是在为新中国第一批女飞行员这面旗帜争时间,她要停飞了,就标志着第一批女飞行员彻底退出了蓝天大舞台。领导经过多方权衡,最终将这次任务交给了武秀梅。

领受任务后,她激动不已,年过半百的人,能执行飞行任务,对她来说就是最大的幸福。不过,感到幸福的同时,她又有几分担心。因为这次任务很艰巨,自己毕竟是50多岁的人了,双膝又骨质增生,身体吃得消吗?于是她像运动员做准备活动那样,伸伸胳膊,踢踢腿,扭扭脖子,弯弯腰,发现胳膊还灵活,膝关节虽有些疼痛,但能忍受,自己还不老。

翌日,黎明前,武秀梅信心十足地驾驶着飞机向目的地飞去,直到深夜她才安全返回机场。这一天,她先后到过3个机场,整整在外场工作了17小时,空中飞行时间为7小时42分。当晚睡在床上,四肢虽然像散了架似的,但她并不感到累,她感到的是甜,是美,是幸福,是自信。今天的任务证明自己不仅还能飞,而且还能像年轻人那样,执行艰巨的飞行任务。奶奶就奶奶吧!只要身子骨硬实,奶奶也能争风流。佘太君不也是奶奶吗,100岁不照样挂帅出征!埃德娜不也是奶奶吗?81岁还参加飞行表演比赛拿冠军。别说100岁,我离81岁都远着哩,她想着想着带着微笑进入了梦乡。

美国女飞行家埃德娜。1902年12月出生于美国加登城,1928年开始学习飞行,是美国第四位女飞行家。她参加过无数次国内国际比赛,获得过128项冠军,她在蓝天飞行了30000多小时,曾任3所航空学校的校长,培养了4000多名飞行员。在55年飞行生涯中,先后驾驶过58种型号的飞机,包括F-37型军用战斗机。她81岁高龄时还参加飞行表演比赛,而且还夺得7项冠军中的4项。

武秀梅于1984年3月停飞,时年53岁。她共飞了33年,总飞行时间为3865小时。她创造了两项中国第一,她是当时我国年龄最大的女飞行员,也是当时我国飞行年限最长的女飞行员。现在还有人认为,她仍然保持着这两项纪录,这也不是事实,这两项纪录,早已被新中国第三批女飞行员洪连珍和第四批的底建秀等人打破。

底建秀,回族,1953年2月出生于河北保定市,1970年9月进哈尔滨空军第一航校学习飞行。毕业后因成绩优异被分到北京专机部队,先后飞过

☆底建秀在驾驶波音飞机

伊尔-14、三叉戟两种机型。1978年光荣地当选为全国人大代表,出席了第五届全国人民代表大会。1986年8月为支援民航建设,转业到厦门航空公司飞波音飞机。到公司不久,她到美国接受培训,培训过程中,她充分展示了中国女飞行员的风采,发挥了飞专机时养成的操纵动作精准柔和的特点,出色地完成了航线起落、单发飞行、仪表穿云、航线飞行等课目,美国教官给予她"最好成绩属于底建秀"的最高评价,并将准确显示她飞行动作的自动记录纸当作最珍贵的资料收藏起来,这是迄今留在美国的唯一一份中国女飞行员的航行资料。由于成绩突出,底建秀提前1/3的时间完成了全部训练课目,成为我国第一位波音飞机的女驾驶员,也是我国第一位取得美国联邦航空局和中国民航总局颁发的波音737型飞机双重驾驶执照的女机长。

在两万多小时的飞行实践中,底建秀多次处理险情,保证了旅客安全。1995年5月的某一天,底建秀驾驶载有100多名乘客的波音-737型客机,

从重庆起飞,飞行途中她及时发现液压A系统漏油,当机立断,紧急返航,着陆后检查,液压油几乎漏光,如不是她及时发现,果断返航,其后果就会因液压油漏光、飞机操纵系统失灵而导致机毁人亡。

2006年夏季的一天晚上,底建秀飞广州－厦门航班,途中天气骤变,航道上雷电交加,她凭着多年的飞行经验,大胆地从云隙中穿越雷雨区,最终安全准时在厦门机场降落。2008年3月,底建秀驾驶飞机从福州飞大连,在空中,她指挥机组成功地降伏了两名在飞机上闹事的精神病患者,使班机安全准时地在大连航空港降落。在她40多年的飞行生涯中,这样的事例不少,不再赘述。

底建秀不仅是国内一位出色的女机长,在国外也小有名气。她曾先后去美国、日本、新西兰、挪威、马来西亚等国飞模拟机,每次都受到外国教官和中国同行的好评和称赞。底建秀至今已安全飞行21000多小时,是中国飞行时间最多的女飞行员,她还创造了中国女飞行员横跨欧亚大陆,长途连续飞行20多小时等多项中国"第一",有中国"第一女飞"之称,赢得过许多荣誉,中央电视台等媒体多次报道过她的事迹。

我与底建秀也是好朋友,两人之间有着深厚的战斗友情。是我把她从哈尔滨航校接到北京专机部队的,她改飞三叉戟飞机时,我是她的指挥员。我之所以简要介绍底建秀的飞行事迹,并非我与她的特殊关系,而是她的功劳簿上,有第一批女飞行员武秀梅的一份功劳。

1973年底建秀来到专机部队时,该部队的第一批女飞行员已全部停飞,而且都离开了部队。当时第一批女飞行员中还在飞行的只有武秀梅一人,但她已调到通县机场。两人虽不在一个机场飞行,但多次见面。武秀梅曾多次回老部队,看望后几批女飞行员小妹妹,给她们传授飞行经验,传承"女飞"精神，叮嘱她们牢记毛主席的教导，做人民的飞行员。武秀梅老大姐的谆谆教诲，以及她的榜样作用，深深地感染了底建秀，对她以后的人生道路产生了很大的影响。十多年前，她在给我的一封信中，写过这样一段话："第一、二、三批的大姐们，都是我学习的榜样，我一定为'新中国女飞行员'这面旗帜，增添新的色彩，争取多飞几年，多做贡献。"底建秀是这么写的，也是这么做的。2013年她已停飞，飞行了43年，22600多小时，是目前中国飞行时间最多的女飞行员之一，但她还在飞，还在向新的目标奋进。她已有了第三代，是一位名副其实的奶奶飞行员。"秀梅""建秀"二秀不是作秀，而是真秀，她俩均是新中国优秀的女飞行员，这也是一种历史的巧合吧！

六、归宿篇

诗曰,窈窕淑女,君子好逑;我曰,飞天靓女,骄子好逑。第一批14名女飞行员来到部队之后,就成了单身男飞们追逐的对象,5年禁爱令到期之前,他们只能暗恋、单相思,但丘比特之箭已瞄准了进攻目标。刘亚楼司令员没有食言,1956年2月代表空军党委,宣布解除新中国第一批女飞行员的禁爱令,她们可以谈恋爱结婚了。

禁爱令解除后,骄子们便迫不急待地主动出击。他们急可姑娘们不急。好强的姑娘们都把飞行事业放在第一位,并不急于过早恋爱结婚,她们立志先立业,后成家。不过,男大当婚,女大当嫁,女飞行员事业心再强,也不可能总不食人间烟火。随着年龄的增大,她们也要恋爱,也要结婚。况且,上至空军司令员,下至大队领导,都非常关心她们的婚姻大事,有些领导还亲自给她们牵线搭桥,开启她们的恋爱之路。只不过她们对爱情的渴望与追求,更具特色,更加浪漫多彩。她们在爱情的空域里,同样飞得很精彩,同样留下了一条条多姿多彩的航迹。只不过这些五彩航迹,被历史的烟云所笼罩,时隐时现,带有几分神秘色彩,半个多世纪过去了,世人还没看清它们的真面貌。许许多多鲜活生动、有滋有味的爱情故事还鲜为人知。

☆由10名女飞行学员组成的七航校女排

1959年底,14名女飞行员除周真明外都在部队觅得佳婿,唱响了爱情、婚姻、家庭三部曲,找到了归宿。其中7对是飞行员,人称比翼鸟,又叫双飞家庭,他们是秦桂芳与王效英、陈志英与柯庭煜、黄碧云与刘锐、阮荷珍与陆琦、何月娟与李斐然、施丽霞与贾银海、王坚与龙有光；有5人的老公是领航员，同志们戏称他们是夫唱妇随型夫妻（五六十年代的飞机，没有自动导航设备，全靠领航员根据罗盘数据和空中实测的风力风向，以及地标地物计算出飞行应飞的航向，飞行员则按领航员报告的数据飞行）。他们是伍竹迪与程宝海、武秀梅与贾玉发、万婉玲与张振民、邱以群与张大谋、戚木木与陈瑞之；周映芝的爱人是机务干部王玉明。周真明，在部队一直没找对象，转业后才谈恋爱结婚。

☆ 11位蓝天老姐妹在老部队重逢时的合影

女飞行员成家之后，除继续飞行之外，与其他行业的女同志一样，也要生儿育女，相夫教子；也要与柴米油盐、锅碗瓢盆打交道；也逃脱不了自然规律，在蓝天白云之间，一天天变老。第一批14名女飞行员的经历，有一个最大的特点，那就是她们的人生轨迹与共和国历史同步，她们的命运与共和国六十年变迁紧密相连。共和国有多少大故事，她们身上就有多少小故事。大故事有多热闹，小故事就有多精彩。

夜宿坟丘的"女飞"

14 名女飞行员中,第一个不到 5 年禁爱期就涉足爱情的是戚木木。不是她违禁,而是她于 1955 年 4 月停飞,退出了女飞行员行列,1955 年转业到了地方,成为一名普通的老百姓。禁爱令自然对她也失去了约束力。

1954 年社会上开展的肃反运动波及部队。专机部队对空勤人员又进行了极其严格的审查。戚木木的父亲曾任国民党航校的教育长办公室秘书,少校军衔,1948 年 10 月在杭州死于车祸。母亲是教师。父亲遇难后,全家人靠母亲的微薄收入维持家计。由于父亲曾是伪军官,肃反审查时,怀疑戚木木不仅是国民党高级军官的女儿,还说她是潜伏在专机部队的国民党特务,她被批斗。后因查无实据,她被做复员处理。

谁也没有想到,在"三八"起飞典礼上代表女航空员发言的戚木木,竟会被停飞。在起飞典礼上,她当着 7000 多名妇女代表和几十个国家大使夫人,以及朱总司令等中央领导的面,信誓旦旦地要为祖国的航空事业奋斗终生,谁知立志蓝天的戚木木,刚刚展翅飞翔,翅膀就被无情地折断

☆戚木木穿飞行服的小照

了。这时的戚木木悲痛异常,她感到冤屈,想不通,她飞行技术虽不是拔尖的,但也飞得不错,身体也很棒,思想也先进,难道就因为父亲的历史问题停飞!但现实就是那么残酷,一纸停飞命令改变了戚木木的一生。她从小跟随父母亲走南闯北,见多识广,很有见地;她聪颖睿智,胆大心细,反应敏捷,遇事冷静,身体健康,天生是块当飞行员的料。如果不停飞,她在万里长空,必将大有作为。遗憾的是这颗国家培养出来的新星,刚升空就坠落了,这是她个人的损失和不幸,也是国家的损失和不幸。

正当戚木木因停飞感到悲观失望的时候,一个年轻的小伙子来到了她的身边,他就是同一大队的领航员陈瑞之。

陈瑞之1954年5月毕业于空军第一航校,比戚木木晚两年来到部队。小伙子中等身材,性格较内向。自他分到大队后,就开始关注她。她当时已小有名气,同志们都知道她在起飞典礼上代表女飞行员发言的事,领导能让她当代表发言,自然有她过人之处。论身材与长相戚木木并不十分出众,在14名女飞行员中她排不到前几名。俗话说情人眼里出西施,对上眼了,怎么看怎么顺溜。在陈瑞之眼里她是最美的,她娇小玲珑,风姿绰约;眼睛虽小,但有神,

☆热恋中的戚木木与陈瑞之

小鼻子微微翘起，不但不损害面部的美丽，相反增添了令人难忘的魅力。她直爽开朗，热情大方，聪明伶俐，胆识过人。总之，她身上无一处不美，无一处不靓。小伙子的心完全被她俘虏了。但是上级有规定，她们5年内不准恋爱结婚，他屈指一算，1956年2月她才能解禁。没关系，等吧！别说两三年，只要能得到她的爱，二三十年也能等，不曾想1955年4月她就停飞了。停飞是痛苦的，她痛苦，他也为她痛苦，但她的停飞却为他创造了机会，对她心仪已久的他，自然不会放过这千载难逢的良机。小伙子决定抓住契机主动出击。在她被停飞后的一段日子里，他更加亲近她，关心她，安慰她。戚木木离开部队的头天晚上，陈瑞之壮着胆子将姑娘约了出来。戚木木心有灵犀，预感到今晚他将会在她悲伤的心灵上，撒上一层甜甜的、爽爽的粉末，使她心中的伤痛得到缓解。

　　他俩顺着滑行道，由北向南缓缓而行。这时西郊机场已经沉睡，一架架银燕都安逸地趴卧在停机坪上休憩；一盏盏跑道灯、滑行灯、风向灯、探照灯，都闭上了明亮的眼睛，进入了梦乡，沸腾的机场万籁俱寂。夜幕下这对还不是情侣的情侣，开始也和睡去的机场一样，悄然无声。陈瑞之第一次与姑娘约会，虽有一肚子的话要说，可是当着心爱姑娘的面又不知说啥好，担心说错话冒犯了姑娘，因此显得木讷。戚木木虽然大胆泼辣，但毕竟自己是个姑娘，得保持几分矜持。默默地走了一段路后，小伙子实在憋不住了，终于轻轻地对姑娘说："你走了，我会想你的，到地方后来封信，我好去看你。"

　　见他表明心意，戚木木停住了，抬起头来，打量着身边的追求者，显然她被他真诚的态度感动了，她很想表态接受他的爱。但她是一个自制力很强的姑娘，她控制住了自己的激情，冷静地回应道："关于我停飞的原因，

六、归宿篇

你也知道。今后会怎样,很难预料,我们都再慎重地考虑一段时间好吗?"

戚木木虽然没明确表态,但也没有拒绝的意思。两人的首次约会虽没有热吻热拥,但两颗心却连在了一起,往回走的路上,两人的手已经牵在一起了。

戚木木刚走,陈瑞之就害起了相思病,陈瑞之是师范毕业生,有文才。自己害相思,却埋怨古人秦观,什么"两情若是久长时,又岂在朝朝暮暮",全是骗人的鬼话,世上没有一对有情人愿做牛郎织女的。还是晋人张华说得好"不曾远离别,安知慕俦侣"。陈瑞之不放心,他要亲自了解戚木木复员后的情况,于是他决定运用领航技术领航爱情。他开始地图作业,在河北省大比例尺地图上找到了戚木木集训的地方,天津附近的宁河,画好了"飞"往宁河的航线:北京-廊坊-天津-宁河。

有个星期六,陈瑞之向领导请假,说要去天津探亲,领导同意了。第二天,他天不亮就从机场步行到黄庄,坐头班公共汽车到动物园,再换车到前门火车站(当时北京站在前门)。然后上了开往唐山的火车,心急如焚的小伙子嫌火车慢,哐啷了四五小时才到宁河车站,下车后没有公交车,只好步行,他以急行军的速度向戚木木的集训地进发,赶到她的住处已是午后时分,他在路上走了近3小时。好在他做过充分的准备,没走冤枉路,旅途异常顺利。

戚木木离开西郊机场后,被送到宁河支边团,在这里进行集训,准备去青海柴达木盆地支边。那天晚上,她之所以没明确表态接受陈瑞之的求爱,并不是她不爱他。他们两人在一个飞行大队,陈瑞之在五中队,她在六中队,一起生活工作了一年多,多次在一个机组执行飞行任务,她早就感受到了他对她的关爱,她对他也颇有好感,只是一方面受禁爱令的约束,

另一方面全部心思放在飞行上，没往爱情方面想。那晚她没明确表态的主要原因是怕因父亲的问题而连累他。可是，自他向她表明心迹后，压抑多年的爱情之火被点燃了，离别之后，她才感到后悔，那晚的约会没能很好地珍惜，没能将心里话全说出来，到了青海，天各一方，今后不知还有没有相聚的机会。到宁河后她感受到了双重的痛苦，停飞的伤口还没愈合，又遭受到了感情的灼伤，她留恋在蓝天自由飞翔的岁月，她思念与陈瑞之在一起的日子，盼望他来到她的身边。就在她备感失落的时候，他仿佛从天而降，突然出现在她的面前。她以为这是梦，使劲摇了摇头，想把自己摇醒，然而这不是梦，面前站着的是真真切切的陈瑞之，她日夜思念的心上人。

"你怎么来了？你是咋找到这里的？"

"别忘了我是领航员，只要地图上有的地标我都能找到。这里人虽然很多，但找你容易，因为这里只有你一个女飞行员。"

当天，戚木木与陈瑞之也唱了一出"天仙配"，只不过和董永与七仙女唱的"天仙配"有质的差别，董永与七仙女唱的"天仙配"是悲剧，陈戚唱的"天仙配"是喜剧。也不完全是喜剧，喜中也有悲。如果不停飞，他俩绝不会在这偏远的乡村小舞台唱"天仙配"，而是在无垠的长空演唱"蓝天奏鸣曲"。陈瑞之唱完"天仙配"回到西郊机场时已是深夜，但奔波了一天的他一点也不感到累，他是哼着"红梅花儿开"的歌回到部队的。

陈瑞之的宁河之行，改变了戚木木的命运，她作为空勤人员的未婚妻没去青海支边，被留了下来，后被分到北京通县拖拉机站当一名工人。拖拉机站的领导知道她是女飞行员，开过飞机，就让她开拖拉机。就这样因她父亲的历史问题，戚木木由一名在天上开飞机的女飞行员，变成一名在

六、归宿篇 GUISUPIAN

地上开拖拉机的女拖拉机手。她在河北廊坊经过几个月培训后，便回到通县拖拉机站开拖拉机。戚木木在14名女飞行员中个头最小，当年招飞体检时，差一点因身高被刷掉，当时她只有1.58米，不够1.60米的标准。是体检医生看她才17岁，正在发育期，还在长个，便给她盖了"体检合

☆开拖拉机的戚木木

格"的章，她才侥幸成为新中国第一批女飞行员。航校的高教机是后三点的飞机，戚木木个头矮，飞机滑行起飞时，坐在座位上看不见地面，她得往座位上垫垫子，垫上垫子后，她的脚才能蹬到方向舵，而且只能用脚尖蹬，用脚尖蹬舵很费劲，因此她飞行时比其他姑娘要累得多，好在她能吃苦，一关关地都闯过来了。别看她个头小，但她胆子并不小。1952年"三八"妇女节的起飞典礼，最后让她代表女航空员发言，其原因之一是她从不怯场。她开拖拉机期间就有个夜宿坟头的故事。农业合作化后，土地连成片，耕地面积很大，站在地的西头望不到东头的地边，拖拉机耕地时一天最多来回跑3趟。

1956年3月，机耕队去良乡开荒，戚木木带着女机耕手，开着拖拉机在地间作业，傍晚她俩准备收工时，拖拉机陷进了洼地里，加到最大马力也没开出来。没办法戚木木和机耕手下来推，两个女孩子哪推得动陷在泥里的拖拉机。这时天已完全黑了下来，那天正好是阴天，没有星光月光，四周一片漆黑。折腾了半天，肚子饿得咕咕叫，机耕手摸索着找出干粮充

饥。所谓干粮也就是两个窝窝头。北京的3月初，天还很冷，窝窝头硬梆梆的啃不动，戚木木找出扳手，将窝窝头砸碎后往嘴里填。

晚上黑灯瞎火的，离场部又远，无奈两人只好找一避风处露宿。白天作业时依稀记得附近有一小山包，于是二人朝那里摸去，到了山丘处，两人找了一避风的地方紧挨在一起，裹着毛皮大衣倒头便睡，由于又累又困，倒下便睡着了，睡得很香。戚木木还在呼呼大睡，一声刺耳的尖叫声把她惊醒了。她睁眼一瞧笑了，这时天已大亮，只见那位机耕手指着不远处的一座坟头哆嗦，原来她俩昨晚是睡在坟地里。机耕手吓傻了，戚木木却蛮不在乎，忙安慰那位吓掉了魂的机耕手姑娘："哪有活人怕死人的。再说现在天都大亮了，纵使有鬼他也不敢出来了。"原先同事们就知道她胆大，但没想到她胆大到如此程度。

说到胆大，戚木木的胆量的确不小，同年她又干了一件令人咋舌的事，硬闯空军司令部。1956年10月，戚木木和她同时停飞复员的女通信员路惠芳，来到空军机关办公大楼。进门时遭到门卫的阻拦，她俩被带到值班室，值班员履行职责，例行公事："同志，你们找谁？"

"我们找刘亚楼司令员！"戚木木答道。

值班员以为听错了，又问了一遍："你们找谁？"

戚木木提高嗓门再次回答道："我们找司令员，刘亚楼司令员！"

值班员可能从来没遇到过这种事，不知如何处理，他把来访者仔细打量了一番，见戚木木穿一套没戴军衔的棉军装，人虽不怎么高大，但一脸正气，不像精神病患者。他愣了一会儿后，又问道："是司令员请你们来的吗？"

"不是，是我们自己找来的。"

六、归宿篇 GUISUPIAN

"你们找司令员有啥事？"

戚木木没马上回答，而是先抬头瞅了对方一眼，而后用略带生气的口吻答道："我们是找司令员说事，不是找你说事，没必要告诉你，告诉你你也解决不了。你还是赶紧通报吧，就说女飞行员戚木木与路惠芳找刘司令员有要事汇报。"

她一报女飞行员的身份，引起了值班员的重视，他没再多问，拿起电话给有关部门通报了情况。戚木木运气不错，这天刘亚楼司令员正在家，司令员让秘书将戚木木和路惠芳接到了家里。戚木木一进门，习惯性地给司令员敬了一个礼，司令员赶忙上前握住了戚木木的手。见到分别了两年多的司令员，戚木木如同见到了久别的亲人一样，很少落泪的她，也抑制不住热泪，脸上淌满了泪水。司令员请她坐下，让她不要哭，有啥委屈事慢慢说。戚木木止住哭泣，将她如何挨批斗，如何停飞复员，开始如何被贬支边，后几经周折当了拖拉机手等遭遇详细地给司令员做了汇报。路惠

☆四代同堂全家福，戚木木与母亲、老伴、两个女儿女婿和外孙合影

芳也简要介绍了她的遭遇。她的遭遇与戚木木一样，复员后先让她也去青海支边，也因为未婚夫是空军七航校的通信教官，被留下和戚木木同时分到拖拉机站。司令员认真地听着，脸上的眉头愈皱愈紧，听完戚木木的陈述，他问："是谁让你们走的？"戚木木愣了愣神，心想：怎么？我们走您不知道？"是团里让我们走的。"司令员随即拿起电话要了西郊机场专机部队，向团长了解戚木木、路惠芳以及其他女飞行员停飞复员的情况，最后他郑重地对团长说："以后不经过空军党委批准，她们一个也不能停，不能走。"就是这个电话改变了好几位女飞行员的命运，原来部队还准备处理一批女飞行员，要让她们停飞转业，由于这个电话，她们被留了下来。

打完电话后，刘司令员对戚木木道："戚木木同志，你既然已经复员，再让你穿军装飞行不好办。你看这样行不行，把你调到国家体委去，到航空俱乐部工作，这个工作与飞行专业比较接近，你看行不行？"戚木木高兴地连连点头："好！行！"刘司令又根据路惠芳的情况，将她调到七航校所在地牡丹江。当即让秘书分别给戚木木和路惠芳开了介绍信。

不久，戚木木调到国家体委，到张家口航空俱乐部工作。后来转到河南安阳。1957年元旦，陈瑞之带着部队开的结婚证明信赶到安阳，在那里二人结为秦晋之好。婚后，戚木木调到国家体委航模处学习，结业后调到北京市体委航空模型俱乐部工作。"文化大革命"开始后，航空模型俱乐部被解散。航空模型俱乐部解散后，戚木木调到北京日化三厂当了10年工人，后经过她据理力争才转为干部，当上了供应科长，1988年离休。戚木木婚后，夫妻恩爱，生活幸福。他们生有两个女儿，如今两位老人在北京和二女儿住在一起，安度晚年。

六、归宿篇 GUISUPIAN

老大姐嫁了个小女婿

前文提到,陈志英在大屯机场改飞雅克-18型教练机时,爱上了一位比她小6岁的教员。他叫柯庭煜,浙江省兰溪人,1951年选为飞行员,进长春空军第二航校学习飞行,由于飞行成绩优异,1954年5月毕业后留校当飞行教员。陈志英改装飞行时,由空军二航校校部,搬到了大屯机场飞行学员队。陈志英当时是上尉副营职干部,调到航校后任理论训练处学员大队副大队长,无论在校部还是大屯机场,她都享受正营职干部待遇,住单间。她在大屯机场一亮相,就成了新闻人物,走到哪里,都是众多饱含企慕、敬仰、惊奇的目光追逐的对象。一些年纪偏大的光棍汉便开始搜

☆任航校学员大队副大队长的陈志英

集有关她的私人信息,很快他们就打听到了,她已28岁,未婚,而且还没谈对象,于是乎有人开始打她的主意。

陈志英虽已是大龄女青年,5年禁爱期也早就超过了,但她并不急于谈恋爱结婚,其原因与她飞行事业心强有一定关系,但并非唯一的原因,另一个重要原因是没有遇上让她心动的男人。在部队时,追求她的人少说有一个班,其中有领导干部,有同行飞行员,还有社会上一些追星族,包

括记者和一些文艺工作者，但他们都吃了闭门羹，被她拒之于爱情的大门之外。

古人云，千里姻缘一线牵，这传承了数千年的古语还真准，陈志英从北京千里迢迢来到北国长春之后，月下老人给她牵上了红线，她一眼就相中了柯庭煜，可谓一见钟情。

大屯机场处在长春市的远郊处，四周是农村，在大屯机场工作的已婚干部家均在市区，每逢星期六，机场有班车送他们进城与家人团聚，未婚干部也可同车进城住校部招待所，他们可以到市内看电影、购物、逛公园、找对象。

有一个星期六的晚上，陈志英也坐班车进城，她上车时见一小伙子旁有座位便坐了下去。小伙子见陈副大队长坐在自己身边，忙起身，想把靠车窗的位子让给她，被陈志英止住了："你别客气，坐哪里都一样。"开车后，陈志英感到小伙子很有礼貌便主动与他聊天："你是几大队的，很少见到你。"

这小伙子就是柯庭煜，他在陈志英面前有些拘谨，她是上尉副大队长，自己才是一个少尉小教员，两人不在一个级别。因此，一路上他总是低着头，不敢正视她，更不敢主动与她攀谈，都是她问一句，他答一句，跟记者采访差不多。

"你贵姓？"

"免贵姓柯，木可柯。"

"叫啥名字？"

"庭煜，家庭的庭，煜就是一个火字旁，右边顶上一个日字，下面一个立字的那个煜。"

陈志英文化程度不高，一时没听明白，便伸出手去，让他写在她手上。柯庭煜稍稍迟疑了一下后，便用右手指在她手掌上一笔一画地写那个煜字，写了3遍她才看明白，但她不知煜字做何解释，便又问他这个字怎么讲。

柯庭煜是高中生也是高才生，对自己的名字自然有透彻的研究。男人都有个毛病，在姑娘面前总要显摆自己，陈志英的问题给他提供了炫耀才能的机会，他带有几分得意地说道："'谷中暗水响泷泷，岭上疏星明煜煜'。这是北宋大文豪苏轼的名句。煜煜就是明亮的意思。煜还有光耀的意思。父母给我起名庭煜，就是希望我光耀门庭。"

听完他的解释，陈志英转过头去对他又多看了几眼，这一仔细端详，她的心跳骤然加快，这小伙子不仅肚子里有墨水，而且是一表人才，皮肤白净，眼不大但眼珠黑亮，炯炯有神。声音轻柔，带有磁性。不仅文采、长相引得她心动，还发现他的声音有一种亲切感，忙问道："你也是南方人？"

"浙江兰溪人。"

陈志英一听更是心花怒放："那我们算是半个老乡了！"

一路上两人是越聊越投机，不知不觉校部到了。下车后陈志英问柯庭煜这次进城都有哪些安排，他说晚上看电影，星期天有个朋友请他参观长影。陈志英也喜欢看电影，更想去长春电影制片厂看看，她很想和这个小老乡一起去看电影，去参观长影，但话到嘴边没出口，毕竟刚刚认识，提这样的要求太唐突。她没与他去看电影，而是回到了女飞行学员身边。晚上她失眠了。

陈志英回到大屯机场后，开始全面收集柯庭煜的信息。掌握了他的家庭出身、本人成分、文化程度、现实表现、人品性格、飞行技术等情况，每条信息都令她满意,唯独一条出生年月把她难住了。柯庭煜生于1935年2月。

☆陈志英与柯庭煜的结婚照

陈志英一开始便知道柯庭煜比自己小,长相与军衔摆在那里,一看便知,但她没想到他比自己小6岁。这可不是小小的差距。陈志英犹豫了,真要和他好,肯定要引来各种非议,但自那次同车进城之后,她再也放不下他了。在部队时领导给她介绍的、主动找上门的单身男人不少,但没有一个让她有那种感觉,然而柯庭煜却让她一见如故。她自己也说不清为啥一见他就怦然心动,难道真如俗语所说,同船共渡,三百年所修,是前世修来的缘分。经过一段时间的激烈思想斗争之后,她决定抛弃世俗观念,追求自己的幸福,她实在难以割舍对他的那份爱恋。不过她有自知之明,要想赢得他的爱难度很大,自己既不是美女,也不是20来岁的年轻小姑娘。陈志英是一个典型的外柔内刚的女性,她外表温文尔雅、娴淑恬静,内心却硬如磐石、坚毅刚强,她认准的事,纵有千难万险,她也要去办,不达目的决不罢休,在天上飞行是这样,在地面寻求爱情也是这样。陈志英精心制定了一套向柯庭煜发动感情进攻的战略。她经常以探讨飞行技术为名,将他约到她的单人宿舍,将空勤灶发的水果和糖块都给他留着;星期六和星期日主动与他一起看电影、跳舞（为了接近柯庭煜，陈志英在二航校学会了跳交际舞）、逛商店购物等。她最喜欢的电影就是新上映的《柳堡的故事》，她虽不擅长唱歌，却喜欢上了电影插曲"九九艳阳天"。总之她利用一切机会接近他、关心他，使他感到女性的温暖，逐渐拉近了两人的距离。

柯庭煜思想单纯，开始只把陈志英当领导、大姐和老乡看待，压根儿没往感情方面想，可是在陈志英爱情烈火的炙烤下，他这块不开窍的顽石被烤热了。23岁的小伙子逐渐感受到了女性的体贴与温馨，感受到被异性爱慕的幸福与甜密。在频频的接触中他对她有了更深的了解，她不仅善解人意，温柔善良，而且飞行技术好，飞行事业心强，是个聪明灵巧的女飞行员。她不仅是位可亲可爱的大姐，还是志同道合的好战友，他的心已被她深深地吸引了。

春华秋实，播种的爱情该收获了。陈志英以她女性的细密观察，柯庭煜的心已被她的温情捂热了，她撒下的感情之网该收了，她发动了感情攻略的最后一役。

1958年夏天，航校放暑假，陈志英利用假期休假，决定回上海探亲，同时鼓动柯庭煜也休假回浙江探家，二人可结伴同行。很明显这是她放出的试探气球，如若他接受了邀请，就等于接受了她的爱，如若他婉言谢绝，说明二人不能同路，也就不可能走到一起，不过她相信她的直觉，他会同意。不出所料，柯庭煜非常高兴地接受了邀请。一路上二人有一种夫妻双双把家还的感觉，两人有说有笑，亲密无间，不少旅客向他们这对恩爱"夫妻"投来羡慕的目光。欢愉夜短，悲苦夜长，同理，欢愉旅途短，悲苦旅途长。知心话还没说完，上海站到了。柯庭煜回兰溪要在上海换车，陈志英抓住这一机会，终于将手中的绣球抛给了柯庭煜，她邀请他去宝山县她二哥陈祺衷家休息一天，其目的是想让二哥二嫂见见他，柯庭煜没有拒绝，他自信她的家人一定会接纳他。就这样柯庭煜走进了陈志英的家。

陈志英从小父母双亡，是靠大哥、二哥抚养成人。大哥是地下党员，反右时被打成右派，组织上让她与他划清界限。陈志英是个最听党组织话的忠诚党员，尽管非常思念大哥，但那次回上海她强忍手足深情，没去见大哥。

陈志英大姐，当时我们都叫她陈副大队长，她从上海休假回来之后，我们发现她变化很大，脸更红了，笑更多了，对我们女学员也更亲近了。我们在大屯机场飞完本场训练课目之后，21名女飞行学员和教员由陈副大队长带领，转到哈尔滨附近的双城机场，飞转场训练课目。双城在哈尔滨的西南角，有火车。每当休息日，陈副大队长就带我们到哈尔滨玩，去的最多的地方是太阳岛，每次必去的商店是秋林公司。一进商店不用我们开口，陈副大队长就请我们吃冰淇淋、酒心巧克力。当时不清楚，陈副大队长探家回来后，和我们这些20来岁的姑娘玩在一起，成天乐呵呵的，变得年轻漂亮了，看不出年龄上的差别。后来才明白，是熊熊燃烧的爱情火焰烧红了她的心，温度太高了，从她身上散发出的热量也温暖了我们。

飞完转场课目后，我们又回到了长春大屯机场。准备毕业考试，考试结束后，我们回校部等待分配。陈副大队长没同我们一道回来，她仍留在大屯机场。有一天下午陈副大队长回来了，带来了很多糖。开始并不知道这是喜糖，因为以前她经常请我们吃糖。喜滋滋的陈副大队长见我们只顾抢酒心巧克力吃，也不问问吃的是啥糖，她沉不住气了，稍带羞涩地宣布："姑娘们，告诉你们一个喜讯，我结婚了！"

"啊？！"我们全都含着糖傻愣愣地望着眼前笑眯眯的新娘，因为这事太意外了,真是又惊又喜,一个个目瞪口呆,不知说啥好。不知过了多久,也不知是谁,突然上前拥住了陈大姐,嘴里不停地说着:"太好了!恭喜!恭喜!"在她的启发下,我们都拥向陈副大队长,大伙搂成一圈,又蹦又笑,纷纷向她表示祝贺。

陈志英与柯庭煜的恋爱之旅并非一帆风顺,首先是柯庭煜自己反对,经过一段时间的交往后,他也爱上了陈志英,但他有爱她的心,却没有爱她的胆。他们的差距太大了,年龄差6岁,级别差3级,职务更没法比,她是副大队长,而他只是一个普通教员。如果他们相爱,肯定遭人误解,以为自己是爱慕虚荣,攀高枝,是以她当跳板,跳到北京去飞专

☆婚后的陈志英与柯庭煜

机(去北京飞专机是许多飞行员的梦想),等等。俗话说人言可畏,唾沫星子淹死人。再说了航校不少女医生、女护士、女工作人员都曾向自己示爱,她们中间比陈志英年轻的、漂亮的姑娘大有人在,自己何苦惹火上身?柯庭煜曾一度想放弃,想渐渐疏远陈志英,但真爱是很难放弃的。陈志英正直善良、大度宽容的人品,真诚火热的爱情,让他魂牵梦萦,挥之不去。他在爱的十字路口徘徊了一些日子,最终他置世俗观念于不顾,毅然决然地选择了陈志英。其次,他俩的爱情遭到柯庭煜母亲的强烈反对。柯庭煜

在陈志英二哥家住了一个晚上,第二天一早便起程回兰溪,陈志英送他到火车站,陈志英本想和他一起回去,被柯庭煜劝住了。他了解母亲,老太太思想传统,她不会一下子就接受比他大6岁的陈志英,怕二人见面后尴尬。不出所料,柯庭煜将陈志英的条件摆完后,她母亲那张原本满是笑云的脸,一下子阴沉下来了:"煜儿,你是找媳妇还是找老姐?你怎么这么没出息,挑来选去,给娘找这么一个老闺女。"柯庭煜反复耐心地给老人介绍陈志英的长处,说她是女飞行员,还是飞行副大队长,人又忠厚正直,对他特别好等。老人都听不进去,最后放出狠话:"你说的这些娘都不稀罕,你要是和她成亲,往后别进这个家的门。"柯庭煜一看无法说服老人,待在家里也没意思,不到一个星期他就回到了上海。他怕扫陈志英的兴,没敢说实话,编了一套母亲如何喜欢她的瞎话糊弄陈志英。

回到大屯机场后,二人公开了恋情。整个大屯机场炸了锅,舆论一片哗然,有祝福的,有叫好的;有惊诧的,有劝阻的;有嘲讽的,有责怪的;甚至有谩骂的。骂柯庭煜没出息,攀高枝吃软饭;骂陈志英不要脸,恋小白脸,养小女婿。有个领导还专门找柯庭煜谈话:"柯庭煜同志,你找陈志英副大队长不合适。你们之间的年龄差距太悬殊了。现在年轻这种差距还不会影响夫妻生活,可是随着年龄的增加,这种差距会越来越明显。当你50来岁,精力正旺的时候,她已是快60岁的老太婆了。那时你还爱她吗?不会嫌弃她吗?婚姻大事不能当儿戏,你既然要和她结婚,就要对她一辈子负责。千万不能因一时的心血来潮感情用事。你还是慎重地、冷静地考虑考虑吧!"

有人说,热恋中的姑娘最傻,都是傻美妞;热恋中的小伙子最浑,都是一根筋。热恋中的柯庭煜正是如此,根本不把领导的谈话当回事,因为领导说的理由，在真爱面前都是苍白的，丝毫动摇不了他对她的感情。就这样他打消了自己的顾虑，不顾母亲的强烈反对，不顾领导的善意劝阻，更不顾其他人的风言风语。1958年11月22日，柯庭煜与陈志英在大屯机场的一间飞行教室里举行了婚礼。

☆陈志英（后二排右二）与第一、二批女飞行员在一起，前排左二为作者

吃过陈副大队长的喜糖之后，自然要对她的喜事议论一番。大伙儿都为她高兴，这一点是一致的，但对两人的年龄差距看法分歧很大。多数人认为无所谓，只要两人感情好就成。个别人认为他俩不般配，中国自古以来只有老夫少妻，很少听说过有老妻少夫的。民间虽有女大三，抱金砖的说法，那也只是大3岁，不像他俩差6岁。

陈副大队长是我的大恩人，我自然要为她辩解。我本想说："那是你不读书不看报，孤陋寡闻，大作家丁玲的丈夫陈明就比她小12岁。两人婚后恩恩爱爱，生死不离，丁玲被打成右派了，他还与她共患难。"但仔细一想，刚整风反右，我如果举这个例子，还不得给我扣上一顶替丁玲翻案的帽子，于是我改口道："你们听说过马克思与燕妮的爱情故事吗？马克思可是马克思主义的创始人，无产阶级的革命导师，他的妻子燕妮比他大4岁多。所以陈副大队长爱比她小6岁的柯教员也很正常，没必要大惊小怪。在我看来，人的心态与年龄不一定都成正比，有的人年轻，心却老了，有的人年龄虽大，心却年轻。陈副大队长的心和柯教员一样年轻，他俩很般配。"看我把伟大的马克思都给搬了出来，又发了一通宏论，再没人说三道四了。

☆柯庭煜（后排中）的全家福，右一为赵秀芝

我们毕业后，陈志英大姐回到北京西郊机场，任五大队副大队长，不久柯庭煜也调到了北京，编在三大队。从此，夫妻二人过上比翼双飞的幸福生活。

1959年10月他俩的第一个孩子在上海降生，是个男孩，取名柯卫东，小名小飞。陈志英之所以要到上海生孩子，完全是从飞行事业出发。她生下孩子后，交给二嫂抚养，休完产假，便毅然离开襁褓中的儿子，回到部队继续飞行。两年后，二嫂因车祸罹难，小飞又由奶奶接到兰溪抚养。经过几次接触后，柯庭煜的母亲不仅接受了陈志英，还喜欢上了这个比儿子大6岁的儿媳妇。小飞6岁时才回到陈志英身边。1967年他们才要第二个孩子，是个女儿，取名柯卫红，小名小红。前面写过，1968年7月，陈志英死于空难，结束了她与柯庭煜10年的夫妻生活。

陈志英牺牲时，小飞8岁，小红才10个月，幸亏她家的保姆为人忠厚，陈志英走后全靠她照顾两个孩子。但她年事已高，单独抚养两个孩子很吃力，而她又不忍心扔下两个没娘的孩子一走了之。于是，她想了一个万全之策，准备将 23 岁的外甥女赵秀芝嫁给柯庭煜，接陈志英的班。开始两人都不大同意，赵秀芝一个大姑娘嫁给比她大 10 岁的半老头子，还要当后妈带两个孩子，她不愿意是可理解的，但她姨反复给她做工作，她说陈大姐在世的时候，把她当亲人看待，不仅她自己，她们一家人都受惠不少。她不幸走了，最放心不下的一定是小红，她才 10 个月。滴水之恩当涌泉相报，我们一定要让小飞妈放心地走，抚养好小飞和小红。姨是力不从心了，你年轻完全可以挑起这副担子。再说了老柯你也熟，是好人，忠厚善良，待人真诚，你过去后，不会受欺负。在姨的劝说下秀芝点了头，应允了这门亲事。柯庭煜的工作也要做。姑娘常到他家走动，每次来了都帮着她姨干活，人勤快，干活麻利。他犹豫的唯一原因是志英走的时间不长，有愧疚感，但一想到两个孩子都是志英身上掉下的肉，为了孩子有人照顾，他终于同意了。

1969 年 10 月，柯庭煜与赵秀芝结婚了，小女婿变成了大女婿。婚后第三天，柯庭煜领着新娘赵秀芝来到八宝山，看望陈志英，在她的灵位前，新娘赵秀芝像宣誓似的说道："陈大姐，听我姨说，您走后最放心不下的是小红。大姐，放心吧，我一定像您一样，把小飞、小红当自己的亲生孩子一样看待，抚养他们长大成人。大姐，安息吧！以后每年清明节，我都会带着孩子来看您。"

赵秀芝的一番话，柯庭煜听后感动得热泪盈眶。赵秀芝没有食言，她含辛茹苦将两个孩子养大成人。后来她有了自己的亲生女儿，为了纪念陈大姐，特起名柯向英。如今，柯庭煜与赵秀芝都已退休，在昌平一干休所安度晚年。现在柯老唯一的心愿，就是希望领导和后人不要忘记陈志英，不要忘记她的革命精神。他强烈希望每年清明节有人去祭奠烈士的英灵。

新婚三日新娘新郎同机飞

在14名女飞行员中,阮荷珍与爱人陆琦之间的"同字"最多,也就是缘分最深。两人同年入伍,进航校的时间也几乎相同。陆琦1950年11月进空军二航校,阮荷珍1951年1月进空军七航校,两人都是学飞行专业。毕业时间也只差两个月。毕业后同分在北京专机部队,还同在一个飞行大队,他俩还是同乡,都是江南人,阮荷珍是上海人,陆琦是江苏常州人。还可以举出许多相同之处,两人都爱吃米饭,都爱动不爱静,都是高中生,也都是高才生。两人都长得漂亮,和他俩的名字一样,"珍""琦"都是王字旁,都是美玉珍宝。

阮荷珍是上海姑娘,正如曹植所描述的那样:"南国有佳人,容华若桃李。"那时机场里的男同志私下里喜欢给女同志的相貌身段打分,跟现在的选美一样。男同胞给阮荷珍打的都是5分。20世纪50年代中国学苏联实行5分制。5分是满分,为优,4分为良,3分为及格。陆琦更是帅哥,国字型的脸庞上充满阳刚之气,混在人堆里,不用介绍,一眼便能看

☆穿军装的阮荷珍与穿飞行服的陆琦

出他是位年轻的军官。那时，女同志没有背后给男同志打分的风气，要打肯定也是满分。在男女飞行员及其他官兵眼里，阮荷珍与陆琦真正是天造地设的一对，是一对有才、有貌又有情的爱侣。上面说了不少二人的共同点，但他俩之所以牵上手，最主要的原因，是两人有共同的追求，共同的理想。两人都想成为翅膀最硬的鹰。陆琦之所以选择阮荷珍，不仅是因为她漂亮温柔，也是看中了她的飞行技术、飞行业绩和热爱飞行的事业心，这些在前文已有述。阮荷珍在众多追求者中，最后将绣球抛给陆琦，不仅仅是他外在的美，而是看中了他的才，女飞行员也逃不脱传承了数千年的郎才女貌的择偶标准。1955年4月，参加万隆会议归国的周恩来总理和陈毅副总理，从昆明回北京乘坐的就是陆琦驾驶的专机。除此之外，陆琦还执行过大量专机、抢险救灾、军事运输等飞行任务。正是他出众的飞行技术，丰富的航行经验以及骄人的飞行业绩打动了阮荷珍，使她最终投入他的怀抱。

陆琦不仅是飞行高手，也是"猎艳"能手。阮荷珍一到部队他便盯上了她，只是由于她当时还是"禁品"，不敢碰。再加上他有近3年不在国内。1953年10月，空军派出了4架飞机和最优秀的飞行员去朝鲜，执行运送由印度、波兰、捷克、瑞士、瑞典5个国家人员组成的中立国的代表。陆琦是派往朝鲜执行任务的飞行员，直到1956年7月最后一批离朝回国。

回到部队后，阮荷珍的禁爱令已经解除，他便向她发起进攻。由于前面讲过的原因，经过近两年的相交，两人的爱情到了瓜熟蒂落、水到渠成的程度，就差一层薄薄的窗户纸还没有捅破。装满爱情火药的炸弹只差点燃导火线了。陆琦为了给二人的爱情增添浪漫情趣，采用了文人墨客的求爱方式。

一个星期天的上午，阮荷珍正利用业余时间出黑板报，她不仅粉笔字写得好，刊头、插图画得也很棒，是大队的墙报委员。她正聚精会神画插图时，陆琦来到了黑板前，手里拿着一张信纸："阮荷珍，我这里有篇稿子，你看能不能用？"

阮荷珍忙放下彩色粉笔，拍了拍手后接过稿子看了起来，一看标题，她的脸刷的一下红到了脖子根，手微微哆嗦。她多聪明，一看便知这根本不是什么墙报稿，而是一封别样的求爱信。

☆阮荷珍与陆琦的结婚照

"《爱荷》：院内有一处荷塘，我喜欢荷塘中的荷。荷全身是宝，极为珍贵。荷叶珍贵，她给人带来绿色、清香与凉爽；荷花珍贵，她是画家画中的诗，是诗人诗中的画；荷莲珍贵，莲肉与莲心有清心明目之功能，解毒去火之疗效；荷枝珍贵，是她撑起一片绿荫，一朵奇葩，供游人观赏；荷藕更珍贵，她出污泥而不染，白净无瑕，其品格，被历代文人所赞颂。"

"我爱院内荷塘中的荷，爱荷的珍贵。"

字是用毛笔写的，小楷，很漂亮，说明陆琦的书法功底扎实，难怪他后来成了襄阳小有名气的书法家，还当上了市工商界书法协会的会长。

这篇《爱荷》，热乎乎的，有些烫手，阮大头喜晕了大头，一时不知如何处置这封不是求爱信的求爱信，站在那里傻乐，半天不吱声。陆琦一看她的羞涩之态，知道她读懂了他的信，明白了他的心，接受了他的爱，便进一步逗弄道:"写得咋样?"

阮荷珍装糊涂:"没看明白!"

"真不明白?"

"真不明白!"

"那你仔细看看最后一句。"

阮荷珍因兴奋过度,没注意最后一句"我爱院荷珍"5个字下面打有着重号,院是阮的谐音。实际就是"我爱阮荷珍"5个字。

阮荷珍把信纸塞到陆琦手里,撒娇道:"我眼神不好使,你念给我听。"

陆琦接过信纸正准备大声念那5个字时,阮荷珍一转身溜了,留下陆琦一人站在原地偷偷乐。这时一个飞行员经过陆琦身边,见他一人拿着一页纸发呆,便问道:"陆中队长,是不是阮机长不用你写的稿子?"

"不,她用啦!"

飞行员听后笑了笑走了,陆琦又独自补了一句:"我的稿件不是写在黑板上,而是印在她的心坎里。"

一对相互爱慕已久的青年男女,用这种"小资"方式捅破了窗户纸,表明了各自的心迹。上述情节恐怕在小说里都很难见到,然而它真实地发生在两个男女飞行员的身上。风流浪漫并非文人墨客的专利品,天之骄子和骄女更会享受爱情。

人们都忌讳13这个数字,阮荷珍却特别钟爱这个数字,她特别喜欢穿印有13号号码的运动衫,还特地穿着它到照相馆照了一张半身相,在照片的背面还写上了"我最吉利的数字"7个字。(我写本书前,向阮大姐讨要资料时,她将这张珍藏了半个多世纪的照片寄给了我。)大家都很奇怪,阮荷珍为啥对"13"情有独钟。原来这是她的结婚登记纪念日。

新中国首批女飞行员 / XINZHONGGUOSHOUPINVFEIXINGYUAN

1958年6月13日，星期五，在很多人心目中，这是个双重不吉利的日子，然而这一天是阮荷珍终生难忘的大喜之日，这天上午，她与陆琦到部队驻地附近的四季青地方政府领取了结婚证，两人成为合法夫妻。

领了结婚证后，两人正筹备婚礼之时，大队来了紧急任务。陆琦是飞行中队长，大队的绝对主力。原先大队领导考虑他就要当新郎了，没派他任务，他知道后主动请战，说婚礼早一天晚一天举行没啥关系，但紧急任务不能耽误。大队领导最后同意了他的请求，让他执行飞行任务去了。在往后的一段日子里，两人是你回来我走，我回来你走，总也聚不在一块儿。好不容易碰到了一起，再次准备婚礼时，陆琦又领受了任务，他要飞往成都。

陆琦走后，阮荷珍所在大队的飞行员全部去青岛疗养。陆琦在外执行任务时知道了这个消息，心里难免有些后悔，后悔前些日子没抓紧，错过了美好良辰，她这一疗养就是一个月，婚期最少也要再推迟一个月，他还得患一个月的相思病。

☆阮荷珍最喜爱的小照

20世纪50年代不像现在，那时领了结婚证还不算结婚，还不能同居，必须等到举行婚礼后，新娘新郎才能入洞房。当陆琦带着遗憾回到部队时，却意外地发现阮荷珍没有去疗养，这真是大喜过望，瞅着盼他归来的新娘子，傻冒了一句："你怎么没去疗养？"

阮荷珍嗔怪道："领导上让我留下来结婚。"她特意强调领导二字，

六、归宿篇

似乎这婚是领导强迫她结的。于是，他们借了一条新被子，把两张单人床并在一起，搬来两人的卧具，这就算是新房。1958年6月23日，他俩请来团和大队的领导及战友，举行了一个简短的仪式，请客人吃了几块喜糖，就算结婚了。

现在的年轻人不相信，终身大喜事就这么简单，太夸张了吧！一点也不夸张，那个讲究艰苦朴素的年代，飞行员结婚差不多都这么简朴，再铺张也铺张不到哪里去。

6月26日，大队又接到了飞行任务，送空军训练部部长刘善本紧急去外地检查工作，当时大队大部分同志去青岛疗养了，留下的几个同志也都执行任务去了，飞行员只剩下度婚假的新娘阮荷珍和新郎陆琦。按当时部队的规定，夫妻二人是不许同机执行任务的。可是情况特殊，大队领导决定破例让新婚刚3天的一对新人同机执行任务。陆琦为机长，阮荷珍为副驾驶。

执行任务时，刘部长问阮荷珍："听说你们大队的飞行员都去青岛疗养了，你怎么没去？"阮荷珍的脸刷的一下红了，羞涩地低着头不好意思回答，一旁的机械师替她答道："她留下是为了当新娘子，她刚结婚3天。"

首长听后笑道："新婚3日就让你执行送我的任务，真不好意思。回头我给你们团长说说，回来后让他多补你们几天假。"

婚前阮荷珍与陆琦曾多次同机飞行，这次的感受与以往并没有太大的不同。一上飞机，两人似乎忘了他们之间的夫妻关系，全部精力都集中在一杆一舵与仪表板的各种仪表上。他俩出色地完成了任务，受到部长的表扬。空军的夫妻飞行员不少，仅第一批就有7对，但夫妻婚后共同驾驶一架飞机执行任务从来没过，他俩也创造了一个中国第一。当时飞行时虽没有啥特别的感受,但事后的感受很深,婚前同机飞行的事全模糊了,唯独这次飞行却刻骨铭心,永难忘怀。

1958年是阮荷珍的多事之年,先是喜事双至。新婚不久,大队党支部准备吸收她入党,让她慎重地写了入党志愿书。参加中国共产党,做一名中国共产党员是阮荷珍多年的愿望。当她拿到入党志愿书时,她的那份高兴劲头,超过了结婚当新娘。大队党支部委员会和党小组都同意阮荷珍入党,只等支部大会讨论表决了。谁知晴天一声霹雳,沉浸在幸福之中的阮荷珍,像热处理车间的一块被烧得通红的铁块,突然一下被扔进了冷水里。随着一缕青烟,全身变得冰凉,大喜过后她陷入大悲之中。原来她在上海的父亲,肃反时,工商界有人揭发他是国民党党员,曾看见他在国民党党旗下举手宣过誓。在那个年代,父亲是国民党党员可是重大的历史问题。阮荷珍的入党问题自然泡汤了,不仅如此她还面临被停飞的危

☆离休后的阮荷珍老两口,墙上的字为陆琦书写

险,好在她本人表现突出,要求进步,飞行技术又好,当年并没有停她的飞,但不能执行重要专机任务了。真是福无双至,祸不单行,1959年她父亲又被打成历史反革命,被捕入狱。

阮荷珍各方面都很优秀,人缘也好,团与大队的领导对她的印象都不

错,父亲被定为国民党党员后,团、大队两级领导都在保她,所以她才暂时逃过了停飞这一劫。可是她父亲被打成反革命被捕入狱后,领导想保也保不住了,她不仅不能再飞行,而且连军装都不能穿了。

1959年10月,上级给阮荷珍正式下达了停飞命令。事有始有终,人有生有死,这是亘古不变的规律,飞行也是一样有起有落。女飞行员有开飞也就有停飞,开飞时有苦有难,但苦中有甜,难中有乐。停飞时也有苦有难,苦中有酸,难中有痛。第一批14名女飞行员如今已全部停飞,其中除武秀梅之外,其他13名都没飞到最高年限。

阮荷珍是继周映芝、戚木木、周真明之后,第4名被停飞的。她在回忆录中专门写了一段停飞后的感受:"停飞后,我的心是多么沮丧,多么想飞呀!停飞多年,我仍能在梦中梦到派我执行任务,我高兴地进到座舱,开始滑行,滑呀滑呀,就是找不到跑道,我急得不得了,急醒了,原来是个梦。记得还有一次做梦,下达完飞行任务后,我高兴极了,装上地图,拿起航行包直奔机场,机场里排列着好多飞机。可是我找不到机组成员,也找不到我要飞的飞机。找呀找呀,就是找不到,急得全身直冒汗。结果被急醒了,很不是滋味。"从上述两个梦就不难看出,阮荷珍对飞行爱恋之深,对停飞悲痛之切了。

阮荷珍停飞不久,团政委方仲英亲自找她谈了一次话。对这次谈话阮荷珍记忆犹新。方政委说:"阮荷珍同志,我们认为你一贯表现不错,飞得也好。但你父亲的问题太严重,空军党委有政策,你是不能再飞了。组织上让你停飞转业,你一定要正确对待。这是政策,不是你个人的问题。我们希望你,到新的岗位后,继续发扬你学飞行时的那股不服输的精神,干出新的成绩来。"阮荷珍尽管一肚子委屈,但还是表态服从组织决定,

☆阮荷珍、陆琦与三个子女合影

转业到地方后好好干,绝不给女飞行员这个称号抹黑。

1960年阮荷珍转业后,被安排在中国科学院力学研究所党委办公室工作,她穿身旧军装,又打开水,又搞卫生,一切勤杂活抢着干,不少人以为她是新来的勤杂工。研究所经常举办各种讲座。讲堂在五层楼,里面没有黑板,每次办讲座都要从一层往上扛。有一天,一个工作人员扛着黑板上楼,见阮荷珍搞楼道卫生,就让她帮忙抬黑板,两人抬不好走,阮荷珍干脆一人扛着上了五层。讲座结束后,那位工作人员又让她将黑板由五层扛回一层。以后凡办讲座用黑板,那个工作人员就找阮荷珍。直到知道她是转业来的女飞行员之后,才不再找她了。他不找她,她主动找他。后来她成了扛黑板的专业户,不管是研究员还是技术人员,得知她曾是女飞行员时,都更加敬重她。

1970年,阮荷珍随陆琦调到湖北襄樊市(现在的襄阳市)卫生局工作,多次被评为先进工作者。1978年改革开放的春风吹遍神州大地,也吹进了阮荷珍的家。她父亲的问题属于冤假错案,被平反昭雪,给他恢复了18级干部待遇,户口也迁回上海,并补发了工资。

父亲平反了,阮荷珍背了整整20年的政治包袱卸掉了。1979年4月,47岁的阮荷珍光荣地加入中国共产党,实现了一生中最大的愿望。阮荷珍一生热爱中国共产党,身处逆境的时候,也没有动摇共产主义信念,也没有放弃入党的目标。从参军的那一年起,她几乎每年都要写入党申请书,一写就是28年。我曾问过阮大姐,你这一辈子写过多少份入党申请书?我是想用数字说话,用数字证明她那颗爱党的红心。她异常激动地回答道:"晓红,你让我说具体数字我说不出来,因为次数太多,我实在记不清了,但有一点是清楚的,28年中我每年都写入党申请书。"入党第二年,她就被评为局里的优秀党员,同年还被提升为科长。

阮荷珍于1987年9月离休,离休后闲暇之时,她特别怀念一起翱翔蓝天的姐妹,尤其想念曾教她飞上蓝天的赵赠熊教员。她在回忆录中专门写

☆阮荷珍与百岁教员赵赠熊合影

了她探视赵教员的经过,并寄来了她与百岁老人的合影。她在回忆录中写道:"我从黄碧云来信中得知,飞行教员赵赠熊的居住地点(江苏省常州市武进县)。并转来了赵教员写给她的信:'我们阔别40多年了,从历史来说并不长,真是弹指一瞬间。但从人生来说,已是大半生过去了。每想起你们在校的时期,一个个都是那么年轻有为、奋发向上的好姑娘。现在都已双鬓飘霜,子女成群。由此来推算,我要比你们更老了,真是岁月不饶人啊!今后有机会到上海,一定去看你们,我也欢迎您和荷珍同学来我家聊玩。'

"看完这封信,我激动得热泪盈眶,萌发了要见赵教员的强烈欲望,

正好黄碧云在信中约我,问我什么时候回上海,一起去看教员。我在回信中毅然答应了。我总想,我们女飞行员有今日的辉煌,与教员的辛勤培育是分不开的,所以也希望能在有生之年去看望他。但第二年黄碧云去了澳大利亚,我只好和陆琦两人前去,那时赵教员85岁。15年后,也就是2010年11月,赵老100岁寿辰(虚岁)。伍竹迪、秦桂芳、邱以群分别来电话,让我代表她们去给赵老祝寿。这次看到赵老,真是意想不到,他头脑清晰,步伐利落,言语表达清楚。看到他,我想人人都有希望活到100岁。赵老说他不畏老、不讲老、不愁老、不烦恼。这就是他的心平气和养生观。赵教员百岁之际又给我上了一课,他永远是我们的好教员。"

人间最贵的是真情,在我们女飞行员心中,师生之情是最真挚、最久远的一种其他感情无法替代的真情。

如今,阮荷珍与老伴陆琦过着其乐无穷的晚年生活。陆琦爱好书法,至今仍担任市工商系统书法协会会长,他练书法时,阮荷珍就在一旁替他磨墨。陆琦中气足,歌唱得好,他唱歌时阮荷珍就用电子琴给他伴奏。有时陆琦越唱越来劲,老两口的激情感染了身旁的儿孙,也一起和他们合唱。她俩有两个女儿一个儿子,大女儿是助理工程师,已退休,二女儿是武汉理工大学副教授,儿子是襄阳工商分局副局长。阮荷珍一生虽饱受风霜,但在改革开放春风的沐浴下,她的晚年是幸福的,如今与老伴陆琦在襄阳市含饴弄孙,颐养天年,过着无忧无虑的生活。阮荷珍与陆琦手牵手,心连心,相敬如宾,患难与共,走过了银婚、金婚,正朝钻石婚迈进。

六、归宿篇 GUISUPIAN

饱受磨难无怨无悔

从上海参军的姑娘黄碧云,并不是土生土长的上海人,她的童年和少年是在陕西榆林度过的,她是迎着黄土高坡的西北风长大的。因此,她身上既有上海姑娘的娇柔和甜美,又有陕北人的纯朴与憨厚。她温柔善良,娴静贤淑,圆圆的脸上总挂着甜美的笑云。在14名女飞行员中,她是一除飞行之外,没有其他爱好和专长的姑娘,除了规定的1小时体育活动外,其他业余时间在运动场上再也见不到她。她既不爱唱歌,也不会跳舞;既不下棋,也不打牌。有成绩不张扬,有难处独自扛。她说话时,声音都是低低的,语速都是慢慢的。她的这些与众不同的特点,被一名从大学参军的飞行员喜欢上了,他叫刘锐,小伙子四方脸、浓眉大眼、皮肤白净,斯斯文文,一看便知他是个饱读诗书的秀才。他好学聪明,思维敏捷,喜静不喜动,爱独处不爱热闹。刘锐是我国解放后的第一期飞行员,飞行技术出众,是一位很有才气的飞行干部。到部队后很快就脱颖而出,被培养成四种气象条件的机长、教员和指挥员,当上了飞行中队长,不长时间又当上了飞行副大队长。他不仅飞得好,毛笔字和钢笔字也非常出色,文章也写得很精彩。正是这一笔好字和出众的文采,被部队首长相中,由飞行副大队长提为师司令部训练科科长,负责全师的空中和地面的军事训练工作。

刘锐是吉林省长春市人,1928年7月出生,比黄碧云大两岁。他俩都毕业于空军第七航校,刘锐比黄碧云早一年,也比她早到部队一年。刘锐有个致命的弱点,清高,人一清高眼光自然也高,都快30岁了还没谈恋爱。

第一批女飞行员分到部队后,一些单身老飞都在偷偷物色对象。刘锐却不为所动,都不拿正眼瞧她们。正当一些人盯住几位又漂亮又活泼的女飞行员时,一个偶然的机会,他那高傲的目光却被一个不惹眼的黄碧云吸引了。前文写过,一次训练中左座飞行员产生错觉,是黄碧云及时提醒并果断采取措施才避免了一次空难。事后大队领导召集机组进行讲评。刘锐作为中队长也在场,他俩同在二大队。大队政委让黄碧云谈体会。她有些腼腆,只轻描淡写地说了一句:"当时只知道不能让飞机失速,没想别的,也没啥体会。"

她这几句没啥分量的话,却吸引了刘锐脑袋顶上的那对眼球,两人在一个飞行大队生活工作了三四年,仿佛是第一次见面似的,他仔细地端详了一番正襟危坐的姑娘,发现她很美,内心美。一般人受到表扬时,会喜形于色,而她像挨了批评似的,显得羞窘。这一重大发现使他怦然心跳,产生了一种从未有过的激情。从此之后,

☆ 1962年黄碧云夫妻二人同授大尉军衔后合影

刘锐开始关注黄碧云,亲近黄碧云,渐渐地姑娘的形象占据了他的心,他爱上她了。

刘锐是大学生,按说向中意的姑娘表达爱情并不难,递纸条、写求爱信、赠情诗,或者送礼物、献玫瑰、约会、请中介等都是文人常用的求爱方式。然而刘锐是个书呆子,还是个清高的书呆子。心中的一个爱字就是不知道

咋出口，憋了老长一段时间也没找到表达的办法。黄碧云的好姐妹伍竹迪，十分关心比她大3岁的黄碧云的婚事。她心细，发现最近一段时间刘锐的举止反常，以往他的目光很少往女孩子身上扫，更不会往她们身边凑。可近来他跟变了个人似的，只要有黄碧云在场，他的视线就很少离开她，而且还有事没事找她套近乎。伍竹迪明白了，他爱上她了。她了解刘锐，他的反常其实很正常，他是放不下臭架子，想吃葡萄又不好意思张口，于是她导演了一幕好戏。她首先摸黄碧云的底，一天吃完晚饭后，她与黄碧云从空勤灶出来后没回宿舍，而是从西边的小路进了机场，而后顺着铁丝网边的草坪往西漫步。"碧云，刘司令员已解除了禁爱令，让我们找对象结婚，你心里有没有合适的人选？"

一听伍竹迪问她个人的婚事，黄碧云本来就红的脸，顿时红得发热了，她不好意思地摇了摇头。

"你看刘锐咋样？"

黄碧云这时停住了脚步，用一双既羞怯又迷惑的目光打量着小妹。别看黄碧云比伍竹迪大3岁，由于黄碧云接受能力不强，加上人又不活泛，无论飞行上还是生活上，伍竹迪没少关照和帮助她，两人亲如姐妹。

"别不好意思，直说。"

"他是大学生，飞得又好，人也英俊。他眼光高，我配不上他。"

"你先别说这些，你到底喜欢不喜欢他？"

"我喜欢也只能是空喜欢。"

"你没发现最近一段时间，他跟你走得很近。"

"他最近倒是常找我讨论飞行上的事。"

"飞行员那么多，他不找旁人，为什么单单找你？这就是他喜欢你、

☆黄碧云夫妇与三个孩子

相中你的信号。"

经伍竹迪这么一点拨,黄碧云的心陡然豁亮了,一股暖流瞬间涌向全身。黄碧云已是二十五六岁的大姑娘,对爱情的渴望很强烈,她早就钟情刘锐,她中意他的原因一是他飞行技术好;二是人品好,虽然有些清高孤僻,但为人正直,心地善良;三是相貌好,中等偏高的身材,不胖不瘦,而且风度翩翩;四是有才,大学生,一肚子的学问。正因为他太优秀了,她才有自悲感。尤其是文化程度两人差距太大,他是大学高才生,而自己实际只有小学水平,担心没有共同语言。可是听伍竹迪这么一说,她感到自己的梦要成真了,所以心花怒放,一向少言寡语、沉稳庄重的大家闺秀,也忘情地拉着伍竹迪的手像小姑娘似的蹦了几蹦。

摸完黄碧云的底后,伍竹迪心里有了底儿,她这个红娘算是当上了。但她还是不放心,还得找刘锐谈谈,她倒是不怕他不同意,她心里明镜似的,他正愁没人牵线呢,她这个自荐的媒人,他没有不欢迎的道理。她是担心他仍放不下大学生的架子，两人约会时冷了姑娘的心。

一个星期六的晚上，她把刘锐叫到宿舍外面的操场上，开门见山地问道："刘锐，你是不是看上黄碧云啦？"

不出所料，刘锐那清高的毛病又犯了："没有，哪有这事？"

伍竹迪一看他还装腔作势，生气道："我可是一番好意，你要是对碧云没那层意思就算了。"说完转身要走，这时刘锐装不下去了，忙支吾道："不过，黄碧云这个女同志很不错，我……我……"刘锐吞吞吐吐，我了半天才说出一句模棱两可的话："我很敬重她！"

伍竹迪一听噗哧一声笑了："你就别装了，你到底是喜欢还是不喜欢？痛快点，别磨叽？"伍竹迪问到这份儿上，自己再不表态，她真要撒手不管，哪里去找这现成的媒人。刘锐终于点了点他那颗高傲的头。

"既然喜欢为啥不向她表示？"

"她万一不同意，多没面子！"

"你呀，大学算是白念了，终身大事都不会处理。还是让我这个中学生教你吧！"于是她将明天的安排告诉了他，听得他一面点头一面乐。

那时西郊机场周边没有电影院，要看电影只有去新街口的一家影院。第二天8点多伍竹迪邀黄碧云一起进城看电影，到影院门口时，刘锐拿着3张电影票早在那里等她们了。3人也没多说话，找好座位坐下，3人的座位在一起，刘锐分票时，将中间的一张分给了伍竹迪，她当然不会夹在中间当电灯泡碍事，她和黄碧云交换了座号，黄碧云没拒绝。电影开演不久，伍竹迪偷偷溜了。开始黄碧云与刘锐还没挨得太近，慢慢地两人都不自觉地往一起靠，也不知啥时候，一向清高的大学生刘锐，竟主动牵过了黄碧云的手，放在自己手心里不放。就这样一对有情人，在黑乎乎的电影院里订下了终身。

1957年5月，27岁的黄碧云与刘锐结婚。成家之后，黄碧云勤劳简朴的特点得到了充分的体现，她不仅将家收拾得干干净净，还把丈夫侍候得舒舒服服，小日子过得甜甜蜜蜜。而且人也开朗多了，还经常做别人的思想工作，大伙儿戏称她为"黄政委"。为了痛痛快快飞几年，他俩结婚后一直没要孩子。1960年之后，她怀上了第一个孩子，黄碧云天生不是享福的主，怀孕后不仅飞行，在家也闲不住，她又不爱运动，身体也不像秦桂芳、伍竹迪她们那样结实，由于劳累过度流产了。怀第二个孩子时，她还不接受教训，结果又流产了。两次流产引起了领导和姐妹们的注意，当她怀上第三胎后，领导上不仅不再安排她飞行，还给她下了死命令：卧床静养，她的起居生活由姐妹们照顾。我那时已到部队，也承担了照顾黄大姐生活的工作。

在领导的关心下，在姐妹们的精心照料下，1963年，黄碧云顺利地生下了一个胖小子，后来又生了一儿一女，五口人过着幸福美满的小日子。但是好景不长，史无前例的"文化大革命"，给黄碧云带来了厄运，这位昔日越南主席府里的座上客，成了牛棚中的阶下囚，遭受了一连串的磨难。

"文化大革命"后，强调以阶级斗争为纲，天天抓阶级斗争，部队也搞清理阶级队伍。通过所谓内查外调和相互揭发，领导上发现黄碧云有三大问题，一是她的家庭成分不是小业主，而是资本家。黄碧云祖籍陕西榆林，祖父是商人，解放前，来往于台湾、上海和西安等地做买卖。有一次，母亲带着货物去台湾，途中货船沉没，母亲遇难，家里破产，从此一家人在上海过着寄人篱下的生活。虽然家境败落，但瘦死的骆驼比马大，她家的成分仍是资本家。二是黄碧云很可能是台湾特务，解放前她随祖父去过一

六、归宿篇 GUISUPIAN

次台湾。第三项罪名更离谱,说她与刘少奇划不清界限,是保皇派。谁都知道,第一批女飞行员都保存着1952年3月24日与毛泽东、刘少奇、周恩来等中央领导人的合影。刘少奇被打倒后,上级要求她们上交这张有刘少奇头像的照片。黄碧云舍不得这张珍贵的照片,就说搬家时弄丢了。她的托词当然无人相信,就给她扣上了保皇派的罪名。有了这三大罪名,加上她态度又不好,结果可想而知,开始是开她的批斗会,继而是被关进牛棚,再后来是株连丈夫,将刘锐停飞送东北农场劳动。冰火两重天的突然变故,刘锐难以承受,得了精神病。这期间,好多朋友都不敢接近她,怕受牵连。唯一值得庆幸的是她家有一个好保姆。她不相信黄碧云是特务,别人让她离开黄碧云家她不走。那时黄碧云还关在牛棚里,孩子全靠保姆照顾。

经过组织上的多次调查,查不到她是台湾特务的任何证据,家庭成分问题一时也难以确定。照片问题不光是黄碧云一人的事,第一批女飞行员

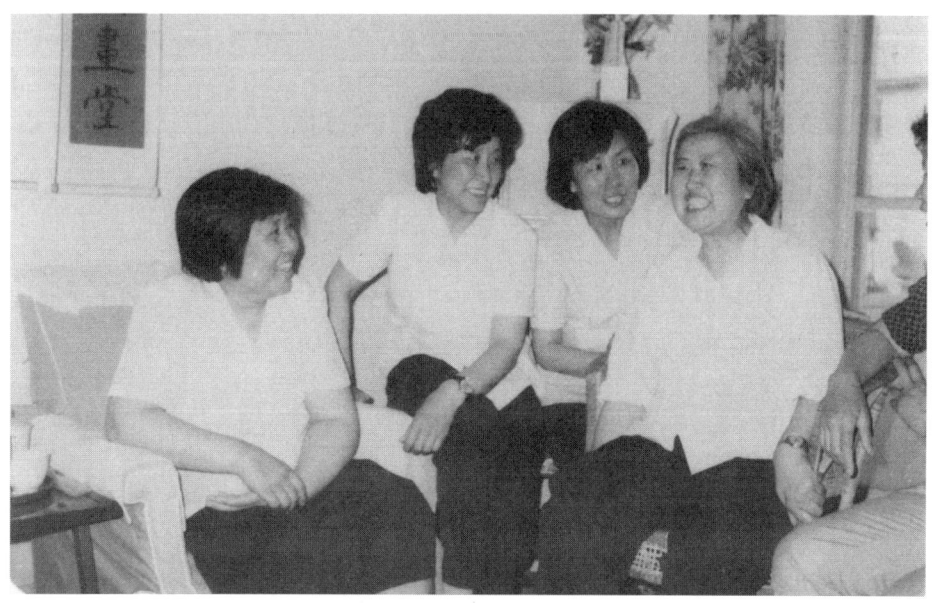

☆黄碧云(右一)回忆当年毛主席接见她们的幸福情景,右二为作者

和她一样,都不愿上交那张她们视为最高荣誉的照片。众怒难犯,最后领导上做了折中处理,就是让她们在刘少奇的头像上打个叉。就这样她被从牛棚中放了出来,但被停飞改做参谋工作。

人倒霉,喝凉水都塞牙,没过几天安静日子,"九一三"事件黄碧云又被卷了进去。1971年9月12日,是个星期天,黄碧云正巧在团值班室值班,下午6点左右,师里的潘景寅副政委来电话,让她找团里的陈副参谋长和三叉戟256机组的成员,叫他们赶紧上机场执行紧急任务。啥时起飞,去哪里?执行谁的任务?潘副政委啥都没说,她一点也不清楚。可是出事之后,她被隔离审查,怀疑她是林立果一伙的亲信,让她坦白交待潘副政委打电话的内容,为什么潘副政委那么信任她,这样重大机密的事让她去办,而且不做电话记录。面对无情的审问,黄碧云是百口难辩,因为总机没有电话录音,潘副政委又摔死在温都尔汗,死无查证。结果她再次蒙受奇冤,被做复员处理,她带着3个孩子回了上海,到无线电四厂当工人。她爱人刘锐先她停飞转业,到一家军工厂当副厂长,因有病没去上班,后来也回到了上海,在家休养。

黄碧云一家到上海之后没有房住,寄住在亲戚家的一间8平方米的阁楼里。为解决住房问题,她四处奔波,但求告无门,没人理睬她这个犯有严重路线错误的人。她一个年近半百的女人,身体又不好(子宫下垂),带着分别为12岁、8岁和4岁的3个孩子,白天还要到工厂的流水线上干活儿,累得她骨头都要散架了。尤其是有精神病的丈夫回来后,她更苦了。老刘犯精神病时,不仅骂她,打她,有时还拿着菜刀要杀她和孩子,清醒后又抱着她和孩子痛哭。这段苦日子整整熬了将近5年。用苦不堪言来形容这5年的日子,一点也不为过。但磨难再多,再大,也没将她压倒,她以不惧任何艰难险阻的精神,加上老战友的支援和邻居们的帮助,渡过了难关,熬到了落实政策的这一天。

改革开放的春风,给黄碧云带来了春的气息,她迎来了人生的第二个春天。1979年,根据中央的有关政策,黄碧云由复员改为转业并给她彻底平反,加在她头上的一切不实之词,全从档案里拿掉了,恢复了原有的干部级别,由退休改为离休。

黄碧云虽饱受磨难,但从不后悔年轻时的选择,热爱飞行事业的心从没有变过。她在回忆录中这样写道:"如果没有'文革',我和老刘都不会离开蓝天。就是停飞了,我的心也没离开蓝天。在我的一生中,从事飞行事业的时间只有短短的15年,然而我这一辈子活得最有意义、最有价值的也就是这15年。因此,选择飞行,我无怨无悔。"黄碧云大姐是这么写的,也是这么做的。离开飞行部队后,她日日夜夜眷念着生活战斗过十多个春秋的专机部队,关心着她的发展;也时时刻刻怀念一起翱翔蓝天

☆第一批11名女飞行员在天安门城楼上,从左至右为王坚、阮荷珍、伍竹迪、戚木木、何月娟、邱以群、周映芝、施丽霞、黄碧云、武秀梅、秦桂芳

的战友。对那些误解过她、批斗过她的同志，她也不再记恨，那不是他们的错，是极"左"路线的错。因此，她梦想重返北京，重游故地，重会故友，特别想念那些蓝天姐妹。党和人民没有忘记她，老部队更没有忘记她，多次邀请她来京与老战士、老姐妹们聚会。每次聚会她们都要登上天安门城楼，在楼顶上重温1952年"三八"国际妇女节她们驾机飞越天安门广场的光荣时刻。

60年弹指一挥间，昔日英姿勃发的少女，现已是白发苍苍的老人。但她留在蓝天白云间的故事并不会随岁月的流逝而老去，它们在历史的长河中，永远年轻。

黄碧云大姐在老伴刘锐过世后，跟随儿子出国定居澳大利亚，安度晚年。

吵架吵来的好姻缘

在第一批14名女飞行员中，施丽霞虽然眼大嘴丰，但整个相貌并不出众。然而由于她性格外向，对人热情大方，特招男人待见，因此她制造的花边新闻最多，她每到一个单位，都会有男人和她黏糊。早在南京华东军政大学期间，她人生第一次被男孩追求。

施丽霞爱好体育运动，篮球球技出众。学校成立女子篮球队时，她被选上了，那一段时间，她们跟专业队一样，成天练球。她打中锋，球技提高很快，球队由政治处管理，直接负责的是一名干事。接触一段时间后，这名干事看上了施丽霞，每场比赛他都跟着。这名干事干事利落，直接找施丽霞谈,要与她谈对象。施丽霞眼光高,没把一个小干事放在眼里,她拒绝了。没想到这个干事不死心,又找队长和指导员谈,让他们俩给施丽霞做思想工作,没做通,她死活不答应。这个干事还不罢休,他又找到施丽霞的弟弟,请他出面劝他姐姐嫁给他,结果被他弟弟骂跑了。施丽霞人直爽,从不虚伪矫情,有啥说啥。她在回忆录中毫不隐讳地说出了她拒绝干事求爱的理由。她写道:"当时南京刚解放,不少团以上干部,因为打仗,无条件找对象,解放后进了城,一看军政大学有女生大队,都是年轻的学生,一个比一个漂亮,天天有人上门找领导给介绍对象,只要女学员同意,要一辆黄包车,就给拉走了。领导还专门进行动员,他们说,这些干部都是有功之臣,你们思想要想通。我就想不通,所以没被拉走。那么多团级以上干部都没拉走我,你一小干事还想拉走我。"这是施丽霞首次被人缠,也是第一次拒男人于感情门外。

女飞行员们无论在哪里都属于稀有人群,都是异性目光追逐的对象。俗话说树大招风,花香招蝶,热情开放的姑娘招人。施丽霞像个假小子,平时喜欢往男人堆里凑。在航校也喜欢和男飞行学员一块儿嘻笑打闹,时间稍长,自然要引起一起男飞的非分之想。航校有一个干部班,学员全是从陆军团以上干部

☆航校时的施丽霞(中),右为周真明,左为伍竹迪

中选拔来的,年龄比其他学员偏大。年龄大了,自然对爱情的渴求更急切。他们中的个别人,明知航校有规定,不准与女航空学员谈恋爱,更不能发生作风问题,如有违反,停飞走人。可是干部班中仍有学员耐不住寂寞,想找中意的女航空学员建立地下航线。

有一天施丽霞上机场飞行,休息时将飞行帽放在休息间的桌子上,等到她飞时,发现飞行帽里有一张白纸条,上面写着"我们俩交朋友吧!"施丽霞一看吓了一跳。空军党委明确规定5年内不许谈恋爱,自己也写了保证书。于是她按照校里的要求,将纸条交给了钱连魁连长。学校多次教育她们,一定遵守空军党委的规定,不谈恋爱,如果有人给她们写信、递纸条一律上交。纸条上虽没署名,但政治部门很快查到了那名写纸条的男飞行学员,据说因他立有战功,没开除他,但给了处分。自这次纸条风波后,再没有男学员骚扰她们。

施丽霞火爆脾气,是有名的干仗大王,不过她不记事,吵完就完了,对方还耿耿于怀,她早把吵架的事抛到九霄云外了。有一次,她从北京飞青岛,落地后,指挥员指挥她滑行。当时驻机场的是歼击机部队,指挥员指挥的都是小飞机,对里-2型飞机的机身高度不了解。结果施丽霞在滑行中,飞机头部顶上的天线被电话线刮断了。里-2型飞机装有两部电台,一部3M超短波电台,供飞行员与地面联络用,另一部b5短波电台,供通信员联络使用。这两部电台的天线均在机背上,是里-2型飞机的最高点。滑行时,天线被电话线刮断,按说施丽霞应负主要责任,说明她没注意到滑行道上的障碍物,事故是她观察不细、精力不集中造成的。可是施丽霞是个不讲理的主。飞机在停机坪停稳关车后,她气鼓鼓地跑到调度室找指挥员算账。当天的指挥员是一位飞行中队长,叫贾银海。施丽霞一进调度

六、归宿篇 GUISUPIAN

室就瞪着一对核桃般的大眼,气势汹汹地问:"你们谁是指挥员?"

"我是指挥员,你有什么事?"贾银海当时还不知道飞机天线被电线刮断的事。

"你会不会指挥?你知不知道滑行道上空有电话线,你知不知道里-2型飞机的最高高度?"

她的一顿炮轰把调度室里的人全轰蒙了。调度室有个年纪稍大的干部,大概是调度长,忙劝她:"飞行员同志,你别急,有话好好说,到底发生了什么事?"

"什么事,天大的事,你们的电话线把我飞机上的天线刮断了,你们得赔!"

一听说是这回事,贾银海也火了。他比施丽霞还小一岁,正是血气方刚的年龄,也是个不好惹的角色,他不仅没回答她的问题,还反问道:"你长那么大一对眼睛干么吃的,那么长的电话线你看不见呀!"

施丽霞见他不但不认错,反而推卸责任,火气更大了,话也更难听了:"放屁,你明知滑行道上有电话线,干吗让我从那里滑?我看你是成心破坏我的飞机,影响我的任务。"

谁也没想到一个姑娘家,会这么泼,说话这么冲,也许是事出意外,也许是被她的气势慑服,没人再吱声。

一看其他人不吱声了,施丽霞以一个胜利者的口吻命令道:"别装傻,赶紧赔我的天线,要是耽误了我的任务,你们吃不了兜着走。"

这事惊动了该师师长,他来到调度室。一进门除施丽霞外,都给他敬礼。施丽霞知道,来者一定是个大官,她也略略收敛了一点,眼没瞪得那么大了。有人忙给她介绍,这是他们师长。施丽霞连毛主席都见过,"三八"

☆施丽霞与贾银海结婚时合影

起飞典礼那段时间,与刘亚楼司令员都混得很熟,自不怵一个师长了。她仍理直气壮地对师长道:"师长同志,你来得正好,你的部下瞎指挥,让电话线刮断了我飞机上的天线,你们得赔我天线。"师长自然知道,飞行员与指挥员各应负的责任,但眼下不是追究责任的时候,他当即表态道:"同志,你别急,我已经叫人去给你们修天线去了,保证不影响你们的任务,我们的指挥员的确有问题,我们会批评他,教育他。"施丽霞吃软不吃硬,而且听师长说已派人修天线去了,她的目的达到了,她给师长敬了礼后离开了调度室,临走时,狠狠地瞪了贾银海一眼。天线很快修好了,没有影响飞行任务。回到部队后,她如实向大队长做了汇报。大队长是明白人,把她批评了一顿,指出了她在事件中应承担的责任,对她大闹调度室的行为进行通报批评。

1955年年底,这时施丽霞已调到南苑机场,有一天她从男飞行员宿舍旁边过,看到窗台上摆着几架小飞机模型,很漂亮,便想要一架,于是就冲屋内扯着大嗓门喊道:"这小飞机是谁的?我拿一架行吗?"

这时屋里有一人打开窗户往外一看,屋里屋外两个人的目光相遇时都愣住了,几乎同时说了一句:"怎么是你?!"原来此人不是别人,正是在青岛与施丽霞吵架的贾银海,这真叫不是冤家不聚头,有缘千里来相会。

施丽霞一见是他,特别高兴,不仅不把他当"仇人",反而把他当成了久别重逢的朋友。两人竟一个屋里一个屋外地聊了起来。

原来贾银海也从青岛调到了南苑机场。两人越聊越投机,施丽霞临走时,自然没忘要飞机模型,贾银海也自然乐意奉送。后来两人很快就成了好朋友。施丽霞从两人谈话中得知,他是河北鸡泽县人,1929年12月出生,年龄虽然比施丽霞小一岁,但参军比她早,他1945年8月参军,当年他才16岁,1946年7月就入了党。他经历丰富,当过战士,班长、通信员、警卫员、政工组长。1951年3月航校毕业,参加过抗美援朝战争,多次升空作战。正是这丰富多彩的经历吸引了施丽霞,对他有了那种感觉。当年吵架时,贾银海对她印象很坏,但不知为什么,过后她那气呼呼的小样,总在脑海里沉浮,

☆施丽霞夫妇与三个孩子合影

随着时间的推移,不仅没有模糊,相反越来越清晰,而且那股恨逐渐变成了爱,对她的那股泼劲儿,也由反感变成了欣赏,一个女孩子敢大闹调度室,这可是一般姑娘做不到的。

施丽霞就是施丽霞,谈恋爱也与众不同,她没有一般姑娘的羞涩和矜持,更没有扭扭捏捏,拖泥带水。她下定决心嫁给他后,也不要介绍人,也不玩什么浪漫那一套。一个星期天的上午,她径直来到他的宿舍,当时

宿舍里还有贾银海的一位同室战友,施丽霞进房后,那位室友并不知趣,仍待在室内不走,施丽霞反客为主,下了逐客令:"同志,你先出去一会儿好吗,我和他有点私事要谈。"

☆施丽霞夫妇在交流飞行经验

那位室友这时明白了她来的意思,冲贾银海做了个鬼脸后离开了,顺手关上了房门。

施丽霞没扯闲篇,直奔主题:"银海,你说咱俩是不是特有缘?"

贾银海给她倒了一杯开水,请她坐下。他小学毕业后上的师范,语文成绩不错,表达能力很强。"我们不是一般有缘,是奇缘。天下这么大,不是奇缘我俩哪能这么巧碰到一起,这就叫有缘千里来相会。"

"相会能不能相爱?"

一进门她便支走了同室战友,贾银海就知道她的来意,也知道不用他开口,她会主动表白。他早有心理准备。姑娘大方主动,他一个大小伙子当然不能羞羞答答,他也很干脆,"有缘有情就有爱,这是月下老人牵的红线,我们岂能辜负他老人家的一番美意。"

"这么说,我们俩人的婚事就这么定了?"贾银海笑着点了点头。

"你别光笑着点头,你得有所表示。"

贾银海不是书呆子,他明白她所说的表示的含义,于是两个直筒子恋人拥在了一起。

施丽霞谈恋爱急,结婚也急。1956年3月,5年禁爱期刚过,施丽霞

六、归宿篇 GUISUPIAN

便与贾银海确定了恋爱关系，1956年6月20日，两人就领了结婚证，23日星期六，施丽霞还在飞行，下飞机后，穿着飞行服，拎着飞行帽和航行包，直接进了飞行教室做了新娘。桌子上摆着水果、喜糖、喜烟，领导讲了一番祝福的话，施丽霞与贾银海就这样结婚了。施丽霞是第一个走进婚姻殿堂的共和国女飞行员。

施丽霞谈恋爱速成，结婚速成，怀孩子也速成。同年8月她怀上了头胎。1957年4月19日施丽霞生下一个男孩，当时特兴奋，全身充满了当母亲的幸福感，她在回忆录里有这样一段描写："护士把孩子抱给我看，我觉得很新奇，把包孩子的小被子打开，小衣服弄开，看看孩子身上少不少零件，是个啥样子？护士笑话我，看你，傻乎乎的，孩子还会错吗？孩子睁眼啦！双眼皮，大眼睛，像我，是我儿子。"半年过后，施丽霞又怀孕了。这是计划外的，她不想要，到空军总医院做人工流产，医生不同意，她软磨硬泡了3个多小时，也没说服医生。医院不给她做人流，她自己设法让自己流产。从高处往下跳，猛跳绳，一次跳200多次。黄碧云是保胎难，她是堕胎难，她怎么折腾也没把孩子折腾下来。1958年6月18日，她生下了第二个孩子，还是个男孩，气坏了，护士把孩子抱给她看，她不看。这之后，直到1971年7月，她才要了第三个孩子，是个女孩，这下可把夫妇俩乐坏了，小女儿成

☆作者（右）与施丽霞游长城

了施丽霞的掌上明珠。

施丽霞后来的情况前面已写过,不再重复。她爱人贾银海,历任中队长、副大队长、大队长、团飞行技术检查主任、团副参谋长等职,1978年1月停飞,后离休,这之后,夫妇俩住进了徐州空军干休所。施丽霞与其他蓝天姐妹相比,受政治风云的影响最小,在政治上没遇到过大的打击,但谁也想不到她的晚年在糖尿病的折磨下过得异常痛苦,她虽然以坚强的毅力与病魔抗争了多年,但终无力回天,施丽霞于2006年12月10日,因糖尿病并发脑血栓与世长辞,享年78岁。她去世时,贾银海也重病住院,孩子们没敢将母亲病故的噩耗告诉父亲,直到两年以后才将母亲去世的事告诉他,他难以承受失去老伴的打击,不久也过世了。

夫唱妇随的蓝天情侣

武秀梅是14名女飞行员中唯一一名江北人,她出生在中国古都河南开封。在开封附近驻有一支伞兵部队,少女武秀梅常看到一只大铁鸟在天上飞,大人告诉她,那是飞机,开飞机的人叫飞行员。从此,她就梦

☆武秀梅与贾玉发的结婚照

六、归宿篇

想当一名飞行员。当"雄赳赳,气昂昂,跨过鸭绿江"的《中国人民志愿军战歌》在古城唱响时,武秀梅与许多热血青年一起报名参军。武秀梅是个孝女,当她穿上军装真要远离父母时,那份父女情、母女情实难割舍。60年后,当她忆起那一幕时,仍是眼含老泪。就要离开哺养了她19年的父母,她心中有愧。为了免除父母对女儿的思念与牵挂,她从头上剪下一绺头发,跪着用双手捧着将它献给了父母。随后毅然上了挂着红花的汽车。参军后她分到汉口中南预科总队。1951年年初,空军在中南预科总队挑选女飞行员,通过严格的体检,武秀梅当上了飞行员,实现了她飞天的梦想。

在14名女飞行员中,她虽不是江南妹子,然而她最具江南姑娘的风韵,小巧玲珑的身材,红润细嫩的皮肤。不仅相貌极似江南妹子,性格也似江南姑娘,说话慢声细语,甜美柔润。可想而知这样一位漂亮娴淑的赛江南美女,来到男多女少的机场之后,所产生的电磁场该有多强了。有一个地勤机械员,自见她之后就得了相思病,病情越来越严重,一有机会就往武秀梅身边凑,说一些挑逗的浑话,后来竟成了花痴,严重干扰了武秀梅的工作和生活,领导上不得不将他提前复员。

1956年3月以前,因为武秀梅5年的禁爱期还没到,暗恋她的王老五们还不敢轻举妄动,武秀梅的日子还算平静,可等到刘亚楼司令员宣布解除她们的禁爱令后,迫不急待的仰慕者们纷纷出击。其中有一个年轻的领航员,名叫贾玉发,江苏南京市人。南京的风水养人,十朝都会,人杰地灵,自古金陵多才子,秦淮河上演绎出了多少才子佳人的故事。贾玉发入伍前是高中生,一部《石头记》,一本《桃花扇》没少看。他是不是贾府的后代,无人考证,他身上却有着宝玉的影子,风流儒雅,很有才气。在全团领航员中,他的领航技术名列前茅,有数字为证。他在回忆录中,详细记

录了他飞专机的次数，包括日期、乘坐首长、航线、机型、机尾号。他先后执行中央首长的专机任务337次，其中执行毛泽东的专机任务19次（最后一次是1958年12月13日，航线是北京－汉口－广州，机型是伊尔－14，机尾号是4208。在这次任务中，正赶上毛泽东12月26日的生日，当天晚上，江青代表毛泽东，设便宴款待机组。江青祝酒时说："你们很辛苦，我代表主席谢谢你们。今天是主席的生日，请你们在一起吃个便饭。"）；执行周恩来的专机任务22次。出国执行专机任务41次，到过苏联等9个国家。执行胡志明等外国元首的专机任务5次。要不是因刘亚楼点名调他执行打美蒋P–2V侦察机的地面引导任务，1961年4月就停飞了，他的上述数字还会大量增加。

武秀梅的禁爱令解除后，贾玉发加入了众多追逐佳人的行列。关于武秀梅与贾玉发谈恋爱的经过，武秀梅在一篇回忆文章中有较详细的描述，现将这段文字照抄如下：

一九五六年夏天，在青岛空军疗养院疗养的时候，我和一名小伙子坐在海滨松树下，对方问过我几遍了："同意不，你倒是说呀！"我不敢答应，飞行刚刚五年，就这样匆匆忙忙谈个人的恋爱问题？

我脸红了，心慌了，当初多少人说过呀，你们五年内不要恋爱，不要结婚，五年后也尽量晚点。是啊，我们和男的不一样，结了婚，飞行要增添多少麻烦，怀孕五个月后不能飞行，产后要停飞两个月，万一遇上难产……

"再等一等好吗？"不知过了多久，我才把心底的话拿出来。

"还等什么呢？在一起几年了，相互不了解还是怎的？"小伙子有点沉不住气了。

"你应该理解啊,中国有几亿妇女,可就选了我们十四个,多金贵呀。发动机一响,人民币哗啦哗啦出去了;党用金子喂我们,我们怎能把宝贵的时间花在个人生活上呢!"

☆相互学习的武秀梅夫妇

"晚一点结婚,晚一点要孩子还不行?"小伙子脸一红许愿了:"任何时候,我都支持你飞行。"

"可得算数啊!"心软的我还是答应了。

作者文中提到的小伙子不是别人,就是暗恋武秀梅多年的贾玉发。她之所以答应他的求爱,并非单单是心软,她也早就对他有好感,他比她早一年入伍,但都是从空军第七航校毕业的,只是学的专业不同,武秀梅学的飞行,贾玉发学的是领航。两人毕业后又分在同一个部队的同一个大队,曾多次在同一个机组飞行,他给她准确的航行数据,她按他给的航行数据航行,两人配合很密切,每次都保证了安全。两人相识相交了5年多,在这5年多共同战斗的日子里,武秀梅对贾玉发有深入的了解,他不仅领航技术出众,相貌也出众,白白净净,斯斯文文,像个书生。更可贵的是他人品好,待人诚恳热情,谦虚谨慎,技术好不骄傲,有成绩不张扬。正是上述优点,加上火一般的热情,武秀梅最终才将自己的心也给了他。

武秀梅虽和贾玉发确定了恋爱关系,却迟迟不肯结婚,一年过去了,贾玉发耐不住了,提出来要结婚:"秀梅,你瞧施丽霞她们,不仅早就结婚了，孩子都生下来了。"他是想用施丽霞来激她。

"我不能和她比，她是年纪最大的，比我大3岁多，还有我比她们笨，接受能力不如她们，如果不趁机把飞行基础打好，我就要被她们落下了。你可别忘了你的承诺啊！"没法，贾玉发只好耐心地等待。1957年，伍竹迪、黄碧云等也相继结婚，贾玉发又沉不住气了，再次提出结婚的事，又被武秀梅拒绝了："陈志英大姐比我大两岁，又是领导干部，她都没结婚，咱们急啥。现在正是我精力充沛，是长知识、学本事的黄金时期，不要过早地受家庭事务的拖累，再等一年吧，就一年，中吧？"

直到1958年11月21日，武秀梅才在领导的劝说下与贾玉发成亲。刘亚楼司令员非常关心第一批女飞行员的婚姻大事，有一次来西郊机场送客人，他问团领导，第一批女飞行员的婚姻情况，得知还有几位迟迟没有结婚的事之后，指示团首长，她们岁数不小了，也都飞出来了，让她们早点成家。团领导出面做工作，贾玉发才当上了新郎。有的文章中写道，武秀梅是14名女飞行员中最后一个结婚的，这种说法不准确。因为在她结婚的第二天，也就是1958年11月22日，陈志英与柯庭煜才结婚。这也是一种巧合，蓝天姐妹俩几乎是同时分别在关里、关外成亲当新娘。第一批女飞行员最后一个结婚的是王坚，她于1959年10月1日结婚。

武秀梅在回忆文章里写了她的新婚之夜。"蜜月格外甜蜜，新婚之夜谈得挺投机：'迟一点要孩子。''不管孩子是男是女，名字中都得有个飞字。'那时结婚假是3天，第四天，我们俩就穿上皮工作服，回到战斗的蓝天。"

在武秀梅人生的排序中，自当上飞行员后，飞行事业始终是排在第一位，其次才是家。她结婚后没急于要孩子，直到3年后她才怀了第一个孩

六、归宿篇 GUISUPIAN

☆武秀梅的全家福

子，孩子生下来后取名忆飞。孩子刚满月，她就断了奶。开始给孩子喂牛奶时，孩子不爱喝，她就哄她，似乎她能听懂她的话："乖宝贝，快吃吧！妈妈给你起名忆飞，为什么？妈妈想飞行呀！"

武秀梅虽然把博大的爱给了蓝天白云，但在地面，她同样是个充满爱心的女人。她首先是个孝女，孝敬父母。其次她也和正常的女人一样深爱自己的丈夫与孩子。武秀梅是幸运的，她不像其他姐妹那样，饱受政治风云的侵袭，然而她的婚后生活也不都是幸福与甜蜜，也有艰难与苦涩，也有一本难念的经。飞行团扩编为师后，她所在的飞行大队，由西郊机场搬到沙河机场，而她的家仍在西郊机场。她爱人贾玉发，于1961年4月就调离西郊机场，先后在南苑、杨村、静海工作，1966年6月又调到通县机场。有很长一段时间，一家三口，分居三个机场。一家人只有星期六的晚上和星期天能团聚，遇上她有飞行任务，十天半个月见不到孩子是常事。每当她要离开家时，忆飞总抱住她不让走，此时她哄孩子的总是一句老话："好

乖乖，撒手，妈妈要飞行！"这句话看似很简单，然而它的内涵极为丰富，既饱含她对蓝天的眷恋，也深藏对孩子的愧疚。后来有位记者采访她，写了一篇反映她事迹的报道，文章的大标题就是"妈妈要飞行！"从此"妈妈要飞行"就成了武秀梅的代名词。武秀梅要飞行，一不是要名，二不是要利，要的是女同志的最高飞行年限。她是把自己当试验品，看看中国女飞行员到底能飞到多大岁数。

1984年3月28日下午，武秀梅飞完超低空课目，刚刚回到家。老伴与孩子都还没回来，家里很冷清。她还没来得及换飞行服，团王政委和刘副团长敲响了房门，一见二位领导登门拜访，武秀梅心里咯噔了一下，她预感到他们有要事通报。面对武秀梅询问的目光，王福文政委没说官场的套话，也不兜圈子，直明来意："老武，你的停飞命令下来了！"

"停飞！"这是她最怕听到的两个字，停飞虽是早晚的事，也是意料之中的事，但没想到来得这么突然，上午还在飞高难度的超低空课目呢，身上还穿着飞行服哩！

见她满脸疑惑，王政委忙解释道："停飞原因你应该清楚，一不是技术，二不是政治思想，三不是身体状况，原因只有一个，飞行年限超过的太多了。"

武秀梅当然明白，她超过空军规定的女同志的最高飞行年限已3年了。她之所以能飞到53岁，除了她自己的努力之外，还与当时的北空司令员刘玉堤有关。刘司令员与共和国第一批女飞行员是第七航校的校友，所以他对第一批女飞行员的独苗武秀梅很关心，对她的那种视飞行如生命的精神也很敬佩，因此不忍心让她离开飞机，离开蓝天，因此一次又一次地延长她的飞行年限。但任何事情都有一个度，如果武秀梅延长的年限太多，

六、归宿篇 GUISUPIAN

其他人会攀比，势必影响整个停飞制度的贯彻执行，这才给她下了停飞命令。

对上级的规定、领导的关心，武秀梅能理解，也很感激。但突然间脱掉穿了33年的飞行服，告别她最热爱的飞行事业，她一时难以适应，心里很不是滋味。停飞后，心里空荡荡的，整个人都要散架了，精神濒临崩溃的边缘，在家平白无故地摔东西，一向温柔贤淑的她，无端地向老伴和孩子发无名火。为了打发难熬时光，分散对飞行事业的那份痴恋，寻找新的精神寄托。她一时找不到合适的事可干，就在家门前开了一块荒地，种种菜，以此消磨难耐的时光。

每当看到有飞机从头上飞过，每当听到飞机的轰鸣声，武秀梅的心就会情不自禁地颤抖，总有一种壮志未酬的感觉。随着岁月的流逝，她已渐渐适应了没有蓝天白云的生活。2010年年底，当我到北京朝阳区一家军休所看望她时她感慨道："我们老了，不服老不行。每个飞行员都会有停飞的这一天，这是任何人也改变不了的规律。我不后悔我人生的选择，如果人有来世，我还要当女飞行员。"

1988年8月，武秀梅晋升为副师职干部，1989年5月退休。退休后，武秀梅除了看书读报外，便到干休所家委会帮忙，主管计划生育、民调工作。她干得很起劲。除此之外，两老口专门收集有关女飞行员的各种资料，时刻关心女飞行员队伍的成长，她的心还在蓝天。

风雨同飞的比翼鸟

☆伍竹迪与程宝海结婚合影

1956年春节,也就是1956年的2月12日,空军刘亚楼司令员没有忘记他代表空军党委,给新中国第一批女飞行员下达的5年禁爱令,屈指算来,这时正好到期。他如期来到西郊机场,看望第一批女飞行员。当场宣布:"你们都飞出来了,5年的时间也到了,你们可以谈恋爱结婚了。"

陪同刘司令员的高潮副团长插话说:"伍竹迪才23岁,年纪还小,还不能谈。"刘司令员补充道:"我没有年龄的限制,只有禁爱5年的约定,飞满5年都可以谈。"

刘司令员的补充说明,伍竹迪本人倒没感到特别高兴,她的主要精力还在飞行上,还不急于找对象结婚。但有一个小伙子知道刘司令员的补充说明后,暗自欣喜。他就是程宝海,天津市人,1933年10月出生,1951年1月入伍,1954年12月入党。他与伍竹迪有缘,他俩同时进的七航校,他学领航专业,虽然所学专业不同,但同在一个机场飞行生活,见面的机会不少。女飞行学员在航校是稀有人群,备受男学员关注,伍竹迪又是女航空员中的顶尖人物,无论相貌、身段,还是飞行技术都很出众。特别是她在篮球场上拼抢的英姿,不知道使多少痴情男儿为之倾倒,程宝海就是其中一员。航校毕业后,他与伍竹迪都分到了西郊机场,来到部队不久,程宝海便去朝鲜执行运送中立国代表的专机任务,1955年年初回国,回国后分到伍竹迪所在的二大队,伍竹迪是飞行中队长,程宝海是大队领航主任。两人经常在一个机组执行任务,接触比较频繁。在航校时,程宝海所欣赏的是伍竹迪外在的美,经过一段时间的交往后,他发现伍竹迪的内心更美。她不仅豪爽大方,热情奔放,而且温柔贤淑,坦荡质朴,是位难得一遇的奇女子。他深深地爱上了她。

伍竹迪同样也相中了他,他俩刚认识时,伍竹迪压根儿没想感情问题,一方面是禁爱期还未到,另一方面谈情说爱还没排上"议程",她的日程表里除了飞行还是飞行。虽然两人常在一起执行任务,一块儿研究航线,她只把他当机组成员看待,没有超出战友、同事外的感觉。可是有一次,程宝海与伍竹迪同一个机组执行任务,休息时,机组其他成员都在玩扑克牌,唯独程宝海在一旁专心致志地看书。不知为啥,伍竹迪怦然心动了一下,刹那间产生了一种从未有过的感觉,感到这个比她小半岁的年轻人身上突然产生了强大

☆伍竹迪、程宝海与时念堂(中)合影

的磁场，将她的视线紧紧吸引住了。从那天开始，伍竹迪对程宝海的感情发生了变化，开始由友情向爱情转化。在这个转化中，她在程宝海身上发现了不少过去被忽略的东西。

1955年的春节联欢晚会上，程宝海表演了一个小魔术，伍竹迪看后，使劲鼓掌，觉得魔术师年轻，聪明，而且是一表人才，高高的个头，国字型的面庞，浑身充满活力。伍竹迪对他印象虽然不错，但当时没往心里放。后来在一起执行任务时，发现他给的航行数据不仅准确而且及时，两人配合很密切，她很欣赏他的领航技术；伍竹迪与程宝海一个机组执行任务时，机组成员都推举他管伙食，机组无论到哪里就餐，都能吃上当地特色菜，伍竹迪很佩服他的办事能力；机组在外执行任务不能返京时，一般都住在兄弟单位的军人招待所，在住房分配和生活安排方面，他总是贯彻"女士优先"的原则，对伍竹迪呵护有加，使伍竹迪感受到他无微不至的关心与体贴……细想起来，程宝海还有很多优点和长处，总之，他是一个很优秀的男人，一个值得托付终身的男人。从此，在伍竹迪的感情空域里，有了程宝海的身影。

郎有心姐有意，就差月下老人牵红线了。伍竹迪与程宝海所在二大队的大队长叫时念堂，此人忠厚老实，特别关心体贴部属。伍、程二人又是大队的飞行干部，技术骨干，在生活方面他自然要给予更多的关照。当刘亚楼宣布解除女航空员的禁爱令之后，帮助她们找对象成家，成了他的一项政治任务，但他不能像乔太守那样乱点鸳鸯谱，也不能搞"拉郎配"，他是要让有情人终成眷属。作为大队长，他对大队的未婚男女空勤人员都很了解，他这个媒人并不难当。伍竹迪与程宝海他更了解，他知道二人的感情已到了瓜熟蒂落的地步，只差一哆嗦了，他决定给他俩牵线搭桥。

六、归宿篇 GUISUPIAN

在写本书时,我特意为此事采访了84岁高龄的老人时念堂,请他回忆一下当年给伍竹迪和程宝海当红娘的情况,老人听后哈哈笑道:"很简单,我先问宝海,你喜不喜欢伍竹迪?他回答两个字,喜欢。我又问竹迪,宝海喜欢你,想和你谈对象,行吗?她回答3个字,行,谈吧!两个人一共说了5个字,就这么简单。"老人说是简单,就5个字,但这5个字是以多年的感情积淀为基础的。就这样,伍竹迪与程宝海的爱情由相互暗恋变成明恋。1957年12月31日,伍竹迪与程宝海在大队飞行教室举行了婚礼。有一对喜联相当醒目,含意很深,很有文采,上联是:男领女飞,鹏程万里;下联是:夫唱妇随,恩爱百年;横批是:天作之合。

那时,部队没有军官宿舍,不少已婚军官租机场附近农民的房子住。伍竹迪结婚时一时找不到新房,就在家属招待所借了一间房子。可是结婚第三天,她就到广州执行值班任务去了,一去就是一个月,等她回来时,招待所的房子已收走了,程宝海曾给招待所所长解释说,我们没住够一个月,只住了两天,所长说你们住没住我不管,到期就得交房子。无奈,新房收走了,从广州回来的伍竹迪无"家"可归,星期六晚上只有"四处流浪",有人外出执行任务没回来就借宿一晚上,大伙叫"打游击"。直到伍竹迪生第一个孩子时,才结束了"流浪生活",游击战才算打完。

1958年10月17日,伍竹迪生下了一个女孩,起名程冬青。这时部队分给他们一间6平方米的小房,伍竹迪才有了自己的家。上述这一切,80后、90后们很难相信,以为作者是在写新的、中国版的"天方夜谭",其实文中所写的每一件事都是照相式的描写,是真实历史的再现。

伍竹迪与程宝海的婚后生活是幸福的,他俩的幸福不仅体现在欢乐里,也体现在患难中,他俩是一对风雨同飞的比翼鸟。

伍竹迪与程宝海结婚后,两人仍在一个飞行大队,两年后程宝海调到了一大队,仍飞伊尔-14型飞机。1962年的"2.9"大空难,所摔的3246号伊尔-14型飞机,是程宝海所在大队的飞机。那天晚上一共有两架伊尔-14型飞机参加夜航训练,飞行人员中有程宝海,得知飞机撞山后,伍竹迪赶紧给一大队打电话,询问是哪架飞机失事了?飞机上有没有程宝海?此时的伍竹迪百爪挠心,长这么大还没这么焦急过。在爱人生死未卜的那一刻,伍竹迪才发现她对宝海的感情,是如此笃深,有一种生死与共的冲动。当电话里传来"程主任不在那架飞机上"时,如同法官宣判免除犯人死刑一般,她那颗快要蹦出来的心,才慢慢地平静下来,此时此刻,伍竹迪仿佛从绞刑架上走了下来,有一种获得新生的感觉。但心有余悸,久久不能平静。

伍竹迪作为妻子关心丈夫的生死,本是一件很正常的事,可是在那极"左"路线盛行的年月成了笑柄。有人说她是小资产阶级思想的一次大暴露,生死关头,只顾丈夫的安危,不管战友的死活,缺乏无产阶级感情。现在看来这是典型的政治笑话,在当时却上纲成非常严肃的党性原则问题。伍竹迪面对嘲讽指责,泰然处之,她问心无愧,关心丈夫的生死,是妻子的本能反应,是人之常情,她是一

☆婚后的伍竹迪与程宝海

六、归宿篇 GUISUPIAN

名共产党员,同样也是个女人,是个妻子。

程宝海对来自外人的非议,更是嗤之以鼻,患难之时见真情,他更真切地感受到了来自爱妻的浓浓深情,他更爱她了。

空难是不幸的,然而不幸的空难加深了伍竹迪与程宝海之间的感情。伍竹迪幸运地躲过了失去亲人的不幸,却没能躲过"文革"的大劫难。1967年9月,伍竹迪去青岛疗养,程宝海那时因工作需要已改做政治工作,是沙河机场某飞行团二大队的政委。有一天师里的方中英政委找他谈话,告诉他伍竹迪的停飞命令下来了,停飞后调到西安十六航校工作。组织上准备将他一同调走,政委问程宝海有没有意见。

程宝海毫不迟疑地表态说:"服从组织决定,别说是西安,就是去西藏,只要能和竹迪在一起,去哪里都没意见。"

方政委最后说道:"你政治上很强,又有工作能力,如果不是这次调动,组织上准备给你更重要的工作,但这次你是平调,到新单位后,一时半时不可能提升你的职务,你要有思想准备,正确对待。"

"请政委放心,我程宝海不唱高调,希望自己能高升,但为了和竹迪在一起,别说是平调,就是革职为民我无怨无悔。停飞对竹迪的打击是巨大的,这个时候我决不能离开她。"

最后,方政委交待,停飞是伍竹迪一生

☆取消军衔后的伍竹迪与程宝海夫妇

中的转折点，是大事，他要亲自和她谈，在他与伍竹迪谈话之前，不要给她说停飞的事，程宝海明白政委的用意，他点了点有些沉重的头。

与政委谈过话之后，程宝海陷入巨大的悲痛之中，他不是为自己的前途痛惜，他是为妻子遭受不公正的对待而悲愤。他是最了解她的人，她视飞行事业为生命，让她停飞，等于要她的命，她很难承受，这个时候，最需要他的抚慰与关爱。民间广为流传的《增广贤文》有一句话，叫"夫妻本是同林鸟，大难临头各自飞"。他与她是一对名副其实的同林鸟，但苦难来时不仅不能各自飞，相反应更紧密地相依相偎在一起，共同渡过苦难。只有能共患难的夫妻才是真正幸福的夫妻。当她有难时，当她再也不能与深恋的蓝天白云，不能与心爱的飞机为伴时，当她被"流放"时，她所爱的人依然守在她的身边，不弃不离，用爱去温暖她那颗遭受重创的心，给她战胜逆境的力量，让她重新站起来，体现丈夫的最大价值，这不也是一种幸福吗。程宝海在突然而至的苦难面前，悟出了一个道理：夫妻之间的幸福不仅体现在欢愉里，也体现在苦难中。感谢苦难，给他俩提供了一个体验这种幸福的机会。程宝海悟出了这个道理之后，决定按这个道理去实践。

伍竹迪从青岛疗养完后，返京途中顺道到天津看望由奶奶哺养的冬青。她一进门发现宝海也在，愣了一下后问道："你怎么来了？"程宝海笑笑说："好长时间没见孩子了，怪想的，来看看她，顺便来接你。"程宝海是专门来天津接伍竹迪的，他要给她更多的温暖，更多的关爱。一路上就像个小跟班似的，鞍前马后地侍候着，回到家后，更是无微不至地照顾她，她仿佛是位贵宾。他的变化，令她感动："宝海，你更会体贴人了。"

"哪里，这是分别一个月来，感情积累的释放。"他给她打马虎眼。

伍竹迪回来不久,方政委来到沙河机场找她谈话。那是1967年10月3日,那是伍竹迪永远不会忘记的日子。"根据上级的决定,你从明天起停飞,调往十六航校工作。"

"停飞?"伍竹迪惊呆了。飞行员,特别是年富力强的女飞行员,天不怕,地不怕,就怕"停飞"二字。

"什么原因?是不是父亲有什么新问题?"伍竹迪返过神来后问道。

方政委犹豫了一会儿后回答道:"没有更多的原因,你父亲也没什么新问题,是阶级斗争越来越深入,上级停飞的线划到你这里了。"

伍竹迪疑惑地问道:"我父亲的事入伍时都调查清楚了,选飞政审都通过了,我现在是共产党员,飞行干部,为什么就不能飞了呢?"

方政委无奈地答道:"没办法,只能这样。"

"我保留共产党员的申诉权利,但我服从组织决定。让我到航校干什么呢?"

"到理论训练处教材科当副科长。""宝海呢?"她很关心自己丈夫的去留。伍竹迪在飞行和工作中巾帼不让须眉,是一位事业心很强的女人,但同时又是一位感情极为细腻丰富的女性,她一往情深地爱着自己的丈夫。此时,当她知道自己要调动时,自然要想到他的去留。

☆伍竹迪参加大学生军训

"你放心,领导上已经考虑到了,老程和你一起调走。他到航校后,任团政治处副主任,也是平调。我已经和他谈过了,他没意见。"

"什么,宝海知道我停飞的事?"方政委苦笑着点了点头。

这时伍竹迪才恍然大悟,他去天津接她等一系列超常举动,都是为了事先安慰她。想到这些早到的特殊亲情,伍竹迪心中的巨痛稍稍有所缓解。心中暗暗地叹息了一声:"宝海沾了自己的光,耽误了大好前程,哎……"伍竹迪是一个十分要强的女人,心中虽在滴血,但在师政委面前,仍强打精神表态道:"坚决服从组织决定,哪里能发挥作用,我就到哪里去!"

伍大姐停飞前,我曾和她在一个飞行大队,她是大队的副大队长,我与她的特殊友情前面写了,不再重复。她离开机场去航校工作时,我去给她送行,临别时,她拉着我的手说:"晓红,你能想象得出当听到让我停飞时的心情吗?整整三天三夜我吃不下饭,也没睡好觉。我又不能当着别人的面哭,我硬是把泪水咽到肚子里,回到家里对着宝海痛痛快快大哭了一场。幸好有宝海陪伴我,是他那句'竹迪,我永远和你在一起',让我振作起来,要不这段日子真不知能不能熬过来。"伍大姐这段真心话,道出了一个被强制剥夺了飞行权利的女飞行员的心声。当时她才34岁,正是一个飞行员的黄金时段。

停飞之后,伍竹迪多次给各级组织写信,要求复飞,她写的申诉信有一尺多厚,但都石沉大海,没有回音,直到1985年她的停飞之谜才被揭开。原来1962年第8期《人民画报》海外版刊登了伍竹迪的一组飞行照片。这期画报引起了台湾谍报机关的注意,并通过伍竹迪在台湾的姨父,给她父亲写了一封信,企图策反伍竹迪。她父亲伍国钧,是位主动脱离国民党军队的上校军官,他相信共产党,拥护共产党,是位一生期盼祖国和平统

六、归宿篇 GUISUPIAN

☆伍竹迪的全家福

一的爱国人士。他当即将策反信通过政协交给了广东省公安厅,又转到了空军,从那之后,伍竹迪便被打入"另册",成了控制使用对象,不能执行专机任务,更不能提拔重用。这就是她的学员当了大队长,而她这位优秀教员还是副大队长的根本原因。"文革"期间,极"左"气焰更为嚣张,就是这股极"左"的烈火彻底烧毁了伍竹迪的双翼。

几十年来,每当谈及停飞之事,伍大姐都会伤心落泪。在最近给我的信中,有这样一段文字:"晓红,我太热爱蓝天了,我觉得自己没有完成第一批女飞行员的'试验'任务,这是当年刘亚楼司令员亲自交给我们的。要我们试验妇女能否飞出来;能否过结婚、生育、家庭关;能飞多长时间等。刘亚楼司令员曾说过,不给我们这批女飞行员限定飞行年限。为了争取最长的飞行年限,我一直坚持体育锻炼,生孩子后将她交给婆婆带,自觉地计划生育……总之,为了达到延长飞行年限的目的,我付出了很多很多。可是,突然之间,目标破灭了。晓红,你知道我内心有多痛苦吗?直到现在,

我回忆当年的情景时,仍然忍不住落泪。蓝天之情,真是难以割舍呀!"伍大姐的心,一天也没有离开过蓝天。

伍竹迪调到十六航校后,先后担任教材科副科长和飞行指挥教研室教员。是金子到哪里都发光,离开蓝天后,在地面伍竹迪干得同样有声有色,多次受到奖励,为人民空军建设做出了自己应有的贡献。

1984年1月,伍竹迪离休后没回广州,而是跟随丈夫到了天津,住进天津河西区军休所,并担任市妇联港澳台胞联谊会理事、老战士宣讲团团员,为发扬党和军队的光荣传统,关心培养下一代青少年的成长而继续发挥自己的余热。

1992年12月4日,是伍竹迪一生中又一个难忘的日子。这天伍竹迪的父亲伍国钧进入弥留时刻。在他生命的最后关头,这位被错定为右派,饱受不公正待遇的爱国人士,不仅没说一句抱怨的话,相反用他一生最后的一点力气,用微弱嘶哑的声音嗫嚅着道:"中国共产党万岁!国共一定要合作!国家一定要统一!"说完这几句后,老人与世长辞。老人的最后遗言,令侍立在床边的家人、同事、领导潸然泪下。伍竹迪更是痛不欲生,此时此刻,此情此景,让她彻底醒悟了:个人的恩恩怨怨事小,统一大业才是高于一切的大事,这是父亲的遗愿,是对晚辈的最后嘱托。伍竹迪面对父亲的遗体,暗暗表态道:"父亲,安息吧!女儿一定为实现您的遗愿奉献余生。"这是她参加天津妇联港澳台胞联谊会的初衷。

程宝海于1982年1月,转业到天津中医学院第二附属医院,任党委书记,1993年12月退休,2017年3月7日因突发心梗去世。

六、归宿篇 GUISUPIAN

同一屋檐下的"两地书"

秦桂芳与阮荷珍有很多相同之处,飞得都好,长相都好,都爱运动,都有文采。她俩的追求者王效英和陆琦也有许多共同点。飞行技术出众,一个是大队长,一个是中队长;相貌也出众,一个是美男子,一个是帅哥;追求姑娘的方式也相同,都是以文会友,以文求友,以文得友。陆琦还是王效英爱情的指路人,两人后来都成了书法家。正因如此,秦、王的罗曼史与阮、陆的恋爱史,都具有相同的浪漫色彩。然而浪漫中的味道不尽相同。阮、陆之恋具有南方才子佳人的情趣,中国传统的味道较浓。秦、王之恋,却颇有几分西方色彩,罗曼蒂克且具有洋味儿。

有关秦桂芳的相貌、性格和飞行情况,前面写了不少。下面主要介绍王效英的简况。他是天津蓟县人,1931年9月出生,1946年7月参加革命,同年入党,1947年整党时,因他入党时才15岁,需重新入党,1947年12月入伍,1948年9月第二次入党。1949年9月入二航校学飞行,1951年1月毕业,留校任教。1952年任直属中队中队长,1953年10月调到北京西郊机场,任副大队长,1955年1月赴朝鲜,任运输大队大队长,承担运送中立国监察小组

☆热恋中的秦桂芳与王效英

的专机任务。1955年12月回国。不久又率空运队赴越南执行专机任务。1956年12月回国后，任三大队大队长。在朝鲜他所领导的大队被评为先进单位，受到中立国代表的一致好评。在越南不仅执行越南领导人的专机任务，还对越南的机场建设、后勤保障、机场管理、调度指挥等方面提了很多指导性意见，为越南运输机部队建设做出了贡献。回国时，越南政府给王效英等人颁发了友谊勋章，受到了胡志明主席的亲切接见。

从上述简介中不难看出，王效英不仅是位飞行技术出色的飞行员，还是位有很强指挥才能的领导者。简历只能看出他的才干，反映不出他的长相与性格。王效英的形象与他的业绩一样出众，堪称军中的美男子。他中等偏高的身材，椭圆形的脸上，五官组合得完美无缺，浓眉，双眼不大不小，目光犀利含有威严，具有很强的穿透力，与人对视，似乎能将对方的内心看透。他的鼻子很有特点，鼻梁很直偏高，更增添了他面部的阳刚之气。总之，他天生就是当指挥员的料，不怒而威，令人敬畏。他性格也很有特点，很少言笑，喜欢清静，爱好古代诗词歌赋。这与他的出生有关，他出身书香门第，爷爷是乡绅，父亲是私塾老师。他的最大特点是坚韧，从不向困难低头，勇于向各种艰难险阻挑战。他一生经历了3次重大挫折，挫折不但没能将他压垮，反而是愈挫愈坚。王效英称得上是个有才、有貌、有德、有志的精品男人。

秦桂芳1952年3月到西郊机场，王效英1953年10月到西郊机场，按说早就认识，但由于王效英先后去朝鲜和越南长期执行援外任务，1957年以前相互并没有什么印象，直到1957年春末夏初，部队组织训练小分队到嘉兴机场，进行昼间复杂气象训练，王效英是指挥员，秦桂芳是飞行教员，两人才有了较多的接触和了解。在训练过程中，由于相互欣赏对方的飞行技术，共同的语言也就多了。

　　这次陆琦也参加了训练小分队，他身份特殊，他与王效英是二航校的校友，比他晚一年，他毕业时，王效英已是教员。到部队后，王效英是他的领导，是大队长，他是中队长，两人关系密切。阮荷珍、秦桂芳、伍竹迪3人是第一批女飞行员中品貌兼优、技术出众的顶尖人物。伍竹迪已是名花有主，阮荷珍也被陆琦相中。而秦桂芳还没选到意中人。陆琦便想给她与王效英牵线。在他看来，只有秦桂芳能配得上王效英，也只有王效英才能配得上秦桂芳，他俩是天生的一对。陆琦先找王效英，问他看没看上秦桂芳。王效英当时并没明确表态，他对陆琦说："秦桂芳人长得不错，飞得也好，就是大大咧咧。观察观察再说吧！"从此以后，王效英开始仔细观察秦桂芳。自王效英从越南回来后，秦桂芳就开始留意王效英，他的个人经历、飞行技术、指挥才干、人品相貌等都令她满意，但他平时总是昂着头，一副高傲的架势，让人难以接近，她也在观察他。两人都欣赏对方，但也都在观察对方。

　　王效英虽是指挥员，但也有他的训练课目。有一天，他飞盲降，秦桂芳在塔台指挥。当天天气复杂，云底高只有300米，还下着小雨，能见度不足两公里。王效英进入五边正对着跑道下降高度，无线电罗盘突然故障，指示器上的指针摆动很大，正在这时传来了指挥员秦桂芳的声音："03号，你没对准跑道，复飞！"

　　王效英赶紧将飞机拉起，并报告："南湖，飞机无线电罗盘故障。"

　　"03号，高度600米，按磁罗盘指示往南飞，遇到云洞穿出云层，按地标飞回机场降落。"

　　"03号明白。"果然，南面不远处便有云隙，王效英一推机头，飞机穿出云层,贴着云底,冒着纷纷细雨,沿地标飞行,飞回机场安全落地。

　　这次紧急着陆,将秦桂芳与王效英的两颗心拉得更近了。通过这件事,王效英看到了秦桂芳的另一面,平时大大咧咧的她,危急关头一点也不"大咧",不仅冷静沉着,而且考虑得非常细致周全,她不仅自己飞得好,而且是位非常优秀的指挥员,心中很有数,她将他彻底征服了。秦桂芳也一样,看似高傲的他,在她当指挥员时,非常信任她,没一点大队长的架子,和普通飞行员一样听从指挥。他那高傲的形象在她心目中有了变化,变得平易近人。尽管两颗心靠得更近了,但没到贴在一起的时候,两人还在相互继续观察。

☆兴城疗养时的秦桂芳与王效英

　　这年夏天,王效英大队的飞行员去兴城疗养。王效英因有事没随大伙儿走。过了几天他独自一人前往疗养院。走之前给疗养院通了电话,告诉所乘车次与到站时间,让疗养院派车接他。他走出兴城火车站时,大喜过望,前来接他的竟然是秦桂芳。两人见面时,秦桂芳为了避免尴尬,对王效英道:"大队长,疗养院领导让我来接你。"她这话不实,不是疗养院领导派她来的,而是她主动要求来的。

　　疗养院,是治疗与休养的地方。王效英与秦桂芳身健体壮,无病无痛,用不着治疗,剩下的全是休养。王效英从越南回国时带回了一部法国产的照相机。这洋玩艺儿在当时是稀罕之物,王效英经常以给秦桂芳照相为名,约她到树林、海滨、沙滩、礁石或漫步或静坐，除了照相与游泳之外，就是东拉西扯闲聊。接触多了，王效英还发现秦桂芳是个博学的才女，古今中外的名著她知道的不少。有一天，王效英与秦桂芳在海滨散步时，拿出他手抄的李清照的《醉花荫》一词给秦桂芳看。词是用毛笔抄在一页信纸上的，小楷，很工整，像木刻版印出来似的。"李清照的诗词我都喜欢，特别欣赏她这首《醉花荫》。'莫道不销魂，帘卷西风，人比黄花瘦！'这最后三句实在太妙了，堪称神来之笔。"

秦桂芳接过信纸一看，非常惊讶，一是他的毛笔字出奇得好；二是没想到平时一脸严肃的大男人，竟也喜欢这婉约柔美的诗词；三是没想到一向心高气傲的飞行大队长，也居然放下身架向自己示爱。她被他的真情感动了。她虽然大方开朗，但也得保持几分矜持，便装糊涂道："我文化水平有限，不明白这词是啥意思。这是女人写的词，你为啥喜欢？"

"相思是不分男女的。"

"这么说你也害相思了，那你是为谁销魂为谁瘦？"

王效英的眼利害，看透了姑娘的心，便大胆表白道："自然是为你销魂为你瘦了。"李清照的一首《醉花荫》，将一对有情人醉倒了。

秦桂芳与王效英的恋情公开后，上上下下一片叫好声，在人们心目中，他俩最般配。凡属情爱新闻，传得都很快，刚一回到部队，团政委方中英与王效英见面后便向他表示祝贺："听说你和秦桂芳好上了，很好嘛！"

1958年5月1日，秦桂芳和王效英拿着部队开的介绍信，到北京海淀区东冉村民政处领取了结婚证，但没举行仪式。几天后，只差入洞房的新娘秦桂芳，积极响应北京市的号召，随部队参加修建北京十三陵水库的劳动，一干就是20多天。这期间她还赶上了一件盛事。5月25日，毛泽

东、刘少奇、周恩来、朱德、邓小平等中央领导人也到十三陵水库工地劳动。毛泽东应水库指挥部的邀请,题写了"十三陵水库"5个大字。领导人参加劳动的消息很快在工地传开了,极大地激发了广大劳动者的劳动热情,秦桂芳等部队指战员被轮换时,都不愿离开劳动强度很大的工地。

秦桂芳与王效英买了两条烟、一包糖,于6月7日,在大队会议室举行了简朴的婚礼。团里的方政委,大队的领导,以及本大队的中队长、飞行员,第一批女飞行员参加了婚礼。王效英虽是飞行大队长,但他的新房也很简陋,一间10来平方米的房间,两张单人床并在一块儿,一张两屉桌子,一把椅子,床上放的是两人从集体宿舍搬来的被子,一条床单和一对枕头是唯一新买的结婚用品。新房是周真明、何月娟帮助布置的,虽简陋但很整洁。

爱有蓝天作证

☆王效英将军的题词

秦桂芳与王效英结婚后,虽有了自己的家,然而只有周六晚和周日才能在一起,一周的7个24小时,只有1个24小时是属于小两口的,其他的6个24小时都生活在各自的飞行大队(部队当时规定,女飞行员结婚后,不能与当领导的爱人同在一个大队),如有一方或双方执行飞行任务,半个多月见不上面的时候很多,这就是当时"双飞"夫妻特殊的家庭生活。针对这种咫尺天涯、聚少散多的日子,为了表达相互的思念之情,他俩效仿鲁迅和许广平,也写起了"两地书"。不同的是这些信不是写在信纸上,也不用通过邮局邮寄,而是写在笔记本上,每人

六、归宿篇 GUISUPIAN

一本，每到团聚时交换笔记本，相互就可读到对方的信了。他俩给这种交流感情的方式叫作"同一屋檐下的'两地书'"。

他俩写信时都称对方的小名，秦桂芳的小名叫小牛。秦桂芳感到自己有小名，而王效英没有小名，不公平，便给他也起了一个小名叫小鹅。之所以叫他小鹅，是他平时昂首挺胸的样子很像鹅。我老伴后来采访时去广州，有幸见到了"两地书"日记本，一人一本，秦桂芳的日记本是红皮的，王效英的是绿皮的。由于内容太多，老伴只从他俩的日记中各摘录了几篇，征得秦大姐与王老将军的同意，特公布如下。因为是宝贵的历史资料，我是一字不改地原文照抄。

秦桂芳给王效英的信：

我真骄傲，他是多么的爱我呀！我的丈夫，他有刚毅的性格，无比的魄力。但更有着一颗善良而温柔的心。和他在一起，我就像小妹妹，靠着大哥哥一样。我愿意依偎在他的怀抱里，沉醉在爱情的幸福中。只要跟着他，我到哪里都不怕；只要和他在一起，我干什么都能承担得起。

我们的爱情，长久可以比日月，我们对爱情的忠贞，可以赛过"梁祝"。

1958年9月5日，星期五于北京

我的小鹅，你在遥远的地方，听到小牛在叫你吗？昨天梦里，梦见了小鹅，我靠在小鹅的怀里，诉说着昨天的危险经过。靠着小鹅，我就觉得有了力量。醒来我仔细寻思了一下，昨天的处理，开始思想有些大意。

1958年10月21日，星期二于延安

王效英给秦桂芳的信：

小牛在兴城，不知想没想过今天是什么日子。小牛，还记得我们共同生活的启程日子吗？一定会记得的，我想她的心情一定和我的心情是一样

的。亲爱的妻子,让我用充满爱情之笔,祝福你,吻你!向我的贤妻、孩子的良母致敬!1961年6月7日,结婚三周年纪念日于青岛。

小牛星期六按时给我写信,并且是用航空信给我寄来的,使我能尽快收到。这殷切的心意给了我亲切的鼓舞,我的心情是很骄傲的,因为我有这么好的妻子。小牛很多很美的思想感情,都蕴藏在心底的深处,这在我们相处的日子里,日益体会深刻。这将使我永远保留着对她的崇高的敬重之情,这是我们的幸福。1963年9月11日于杭州。

国庆节三天假期一晃就过去了,这三天玩得还算不坏,看了电影《碧海丹心》《野火春风斗古城》《冰山上的来客》和越剧《则天皇帝》。即使这样我还是时时想起小牛和岳儿。小牛最近的工作顺利吗?身体好吗?越在这样的佳节里,越使我倍加思念我最敬爱的人。祝你愉快!1963年10月5日晚于杭州。

同一屋檐下的"两地书",是特殊年代、特殊职业,像秦桂芳和王效英这样特殊男女表达爱情的特殊方式,堪称千古绝唱。他俩的爱情正如王效英所书写的那样:"爱,有蓝天作证"。

秦桂芳婚后的幸福生活,不用我浪费笔墨,在"两地书"中得到了充分展示。1959年10月29日,他们有了第一个孩子,取名王秦岳,两人的姓,加上岳飞的岳,很明显是希望孩子像岳飞那样"精忠报国"。1964年11月7日,他们的第二个孩子降生了,取名王秦岱,希望他似泰山一般巍峨雄壮;1972年11月1日,他们的第三个孩子来到人世,可惜不是他俩所期盼的女儿,又是一个儿子,取名王秦峰,愿他如山峰一样挺拔坚实。对三个儿子,他俩戏称,哥仨是他们家的三座大山。

秦桂芳与伍竹迪这对从一个教室里走出来的蓝天姐妹,谁也不会想到,

六、归宿篇 GUISUPIAN

16年后,这对花城姊妹花,又同时在蓝天凋谢,她俩同时被停飞。所不同的是,伍竹迪停飞的真正原因方政委当时没说,而是以工作需要为托词敷衍过去了。方政委在与秦桂芳谈话时则

☆秦桂芳、王效英离开北京时与两个孩子合影

直说了停飞的原因:"你有海外关系,空军有政策,你不能再飞了。"就因为她有亲人在香港,秦桂芳这位叱咤风云的蓝天骄女,为祖国航空事业立下赫赫战功的勇士,却在34岁正是鹏程万里施展才华的黄金时光,成了"文革"的牺牲品,过早地结束了飞行生命。不仅她终生眷恋的飞行事业被终止,还株连到丈夫飞行团长王效英。

王团长也是我非常熟悉敬重的老首长。前面写过,他不仅飞行技术精湛,组织指挥能力出众,而且学识渊博,人品极好,是部队难得的优秀领导干部。停飞对他的打击是沉重的。但他是个善开顶风船的角色,越是逆境,越能激发他的潜能。停飞扼杀了他的飞行才能,却为他提供了更多施展组织指挥才能的机会。停飞后,他先后在二航校、十一航校、二预校、成指、成空等单位任要职,无论在哪个岗位上,他都成绩斐然,都是响当当的、不辱使命的领导干部。特别是在"802"大阅兵时,他负责训练的学员徒步方队走得最好,受到了总部与空军的表彰。空军首长说:"看二预校的学员方队走路是一种享受。"训练中他以身作则,处处起模范带头作用。为训练军姿,在烈日下要求学员纹丝不动。他搬过凳子,将凳子放在队伍

前面，自己站在凳子上做示范。那时他已年近半百，还和十七八岁的年轻人一起摸爬滚打，正因为有他这种先从自己严起的表率作用，才带出了精兵强将，才训练出了威震阅兵场的徒步方队。他先后荣立二等功一次，三等功多次，1988年9月，中央军委授予他空军少将军衔。

秦桂芳这位从来不图名利、不怕艰难、潇洒面对一切的豁达女子，当听到停飞的命令后，内心的愤怒如火山喷发。可是在那个年代，除被她拖累的丈夫之外，她能向谁发泄，向谁倾诉？她又不忍心将悲痛再转嫁给同样命运的亲人。于是一气之下，她要焚烧自己保存多年的所有飞行资料，

☆秦桂芳、王效英老两口金婚时合影

后被丈夫劝住了，一些航行资料和爱情日记等才得以保留。当晚，从不饮酒的她，喝得酩酊大醉后号啕大哭了一场。

悲伤仿佛随泪水流走了，秦桂芳很快重新振作起来，她是带着微笑与老部队告别，带着微笑走上新的工作岗位的。停飞后她当过飞行原理、飞行指挥和文化教员，给第三、四、五批女飞行员上过课。在蓝天上她是个好飞行员，在三尺讲台上，她是个好教员。

她在成指宣传处当文化教员时，经常蹬着三轮车领发教材。一名叫杨喆的同事写过一篇纪实散文，标题叫"蹬三轮的女机长"。那篇短文虽短，却非常形象地反映出了停飞后秦桂芳的风貌。"……一辆疾驶的三轮车猛

地在我面前刹住,蹬车的是位上了年纪的女人,齐耳短发,穿身旧军装,袖子挽到肘关节。……那女人是谁,勤杂工?……她就是秦桂芳。……老秦蹬三轮车绝不亚于她开飞机,走街穿巷,灵巧自如,好像蹬了一辈子三轮车的老把式。……我望着老秦蹬车的背影,发现她吃力地摇摆着身驱。车轮带起的雨水,在阳光的映照下,变得五光十色,像天上的虹霓。突然间,我产生了一种幻觉,觉得老秦正在云中,驾驶着她的飞机……"[1]这篇短文是秦桂芳停飞后到离休前这段时间工作和生活的真实写照。

秦桂芳于1986年年底离休,离休后返聘继续当教员,直到1998年2月。王效英于1992年4月离休,1998年2月住进广州天河路空军干休所。王效英离休后,先后在成都和广州老年大学书法班学习书法,由于有基础,进步很快,是中国老年书画研究会会员、中国将军书画院理事、中国书法美术家协会理事、中原书画院客座教授等。其书法作品曾在全国、全军、港澳地区以及俄罗斯、新加坡、泰国等地展出,获得过一等奖等多个奖项。作品被军内外报刊多次选登。并入选中央文献出版社出版的《将军墨缘》、国际统一出版社出版的《书画精品大典》《百名将军书画作品集》《中国著名书画家精品选集》等10多种书画选集,是一位很有造诣的书法家。

1998年2月,秦桂芳随丈夫王效英回广州定居,又回到了人生的起点,但她仍不忘蓝天白云,仍在为祖国的航空事业鼓与呼。她先后担任广东省航空联谊会常任理事、副会长。她也精通书法,其作品在《中国空军》等报刊发表过。他们夫妻二人,年轻时是一对飞行佳偶,离休后又是一对书法伉俪。

---

[1] 摘自1989年4月5日《解放军报》。

七、结束篇

本书写到这里,就要结束了,由于多种原因,有6人在"归宿篇"里没做专人描写,她们是周映芝、王坚、邱以群、万婉玲、何月娟、周真明,现仅对她们的情况分别做补充介绍。

周映芝

周映芝在航校时是 14 名女飞行学员的班长，飞越天安门时，她是第一架飞机的左座飞行员。1954 年 8 月，因家庭成分变更而停飞。她在一篇回忆文章中描述了她停飞时的疑惑与痛苦："我没犯错误，没干过任何不好的事，为什么让我停飞？那时，我只知道躺在床上哭。我从一名小姑娘成长为能够胜任飞行任务的飞行员，是党一手培养出来的。我实在舍不得离开最钟爱的飞行事业，但我还是服从组织的安排，第一个饱含热泪离开了西郊机场。"后经组织上多次派人去长沙调查，家庭成分没有变化，部队准备让她恢复飞行，正在这时她弟弟被打成"右派"，复飞之事被搁浅。

周映芝离开部队之后，始终不忘自己曾是一名党培养出来的女飞行员，无论在何种工作岗位上，总是以"女飞"精神激励自己。她先转业到南苑飞机修理厂，后又从事过航空技术培训、航行调度、工商局机关工作，曾多次被评为社会主义建设积极分子、红旗突击手、五好职工、优秀党员等。

1957 年 6 月，她与原部队的机务干部王玉明结婚。王玉明是一位优秀的机务干部，历任

☆周映芝与王玉明的结婚照

空勤机械师、机械长、飞行大队机务主任。老伴何孝明曾是他的部下,两人在一起工作了近10年,对他非常了解。他工作认真,作风严谨,技术精湛,他所维护的飞机和领导的机务分队、中队均未发生重大机械事故,为保障毛泽东、周恩来等中央领导人的专机安全做出过重大贡献。

婚后他们生有3个孩子。1974年丈夫因患癌症过世。1982年,周映芝担任北京市工商行政管理局个体私营经济管理处副处长。同年她实现了多年的夙愿,加入中国共产党。1988年9月退休,退休后被返聘,参加了北京市工商志的编纂工作,直到1998年7月才彻底休息。2009年10月病故。她重病住院期间,我和刘晓连将军曾代表女飞行员前往医院探视慰问。

王坚

王坚于1954年2月调离西郊机场专机部队,到南苑机场"空军指挥员训练班"飞行,主要任务是培训飞行干部。她在教学中取得了卓越的成绩,1956年被评为空军教学积极分子,出席了空军第一届教学积极分子代表大会。

1959年10月1日与龙有光结婚。龙有光也是飞行

☆王坚、龙有光夫妇与两个儿子

员,四川成都人,1929年出生,1950年9月入伍,1952年1月毕业于空军第二航校,毕业后分到北京王坚所在的空运大队,两人从此认识,1954年两人都被调往南苑指挥员训练班,后改为空军第一高级专科学校,简称一高专。两人在一个飞行中队,后来王坚被任命为直属中队中队长。两人结婚时王坚26岁,龙有光30岁。王坚为了飞行,坚持晚婚,她是第一批14名女飞行员中最后一个结婚的。她不仅坚持晚婚而且坚持晚育,结婚3年后才要第一个孩子。怀孕6个月还在飞。第一个孩子出生6年后,她才要第二个孩子,那年她已35岁。

1967年受"文革"极"左"路线的影响,她遭受迫害而被停飞,1973年空军党委给她平反。1979年12月转业到广东省体委,负责跳伞队的工作,组织过重大国际跳伞比赛。1981年任省体委纪检会主任,1989年退休,退休后任广东航空联谊会副会长,继续为祖国的航空事业做贡献。王坚于1998年12月因病逝世。

邱以群

邱以群小时的生活很苦,很小就和姐姐到杭州附近的小镇做小生意,早上带着几个地瓜出发,很晚才回家。从初二辍学到1949年4月,她一直是跑单帮。5月3日杭州解放,她报考了华东军政大学。学了两年,毕业后分配去陆军当机要员,背包打好了即将出发时,领导不叫她走了,让检查身体,结果当上了飞行员。因出身贫寒,从小受苦,她特别珍惜来之不易的飞行生活。由于能吃苦,虽然文化程度不高,但飞行训练进度都能跟上,到部队后飞行技术提高较快,执行了一系列飞行任务,保证了安全。

1959年2月,邱以群由北京专机部队调往西安空军第十六航校。与邱以群一道调往航校的有3个机组,3架里-2型飞机。十六航校主要是培养领航学员,到航校后,飞机客舱的座椅全部拆掉,安上供领航学员使用的操纵台。邱以群的任务就是驾驶领航教练机,训练空中领航学员。除

☆邱以群与张大谋的结婚照

此之外,她还安全圆满地完成了抢险救灾、运送首长、飞行表演等任务。邱以群1957年结婚,爱人是本部队的领航员张大谋。张大谋1933年4月出生,广州市人。1950年入伍,1951年8月入空军一航校学领航专业。1955年5月毕业。1959年2月与邱以群一道调到空军十六航校当领航教员。

"文化大革命"开始后,由于邱以群家庭出身好,社会关系也没啥问题,属于根正苗壮的红五类,可是她对抓走资派不理解,说了一些不合时宜的话,结果中队长被撤了,当飞行员受歧视,每年都要到生产队喂猪、磨豆腐,每天拉着架子车到空勤、地勤灶收集残菜剩饭,谁会相信穿着一身破军装的邱以群,是位驰骋蓝天的女飞行员?"九一三事件"后调到训练科当参谋,1973年下半年正式停飞。

1978年9月邱以群转业到广东后,热恋蓝天痴情不改,继续为培养航空人才做贡献,主动要求到省体委工作,任航空科科长,负责培养航模和

新中国首批女飞行员 / XINZHONGGUOSHOUPINVFEIXINGYUAN

☆邱以群老两口和孩子们在一起

跳伞队员。任职期间,多次组织重大国际航模和跳伞比赛,为祖国赢得了荣誉。1985年9月离休,在广州一干休所和老伴张大谋共度幸福的晚年。他们生有两个女儿,老大是中山大学新闻系主任,博士生,教授。二女儿是小学特级教师。

何月娟

我和何月娟大姐曾在一个飞行大队工作过,她在工作和生活上曾给我许多关照。她性格内向,不喜交往,但为人忠厚正直,待人诚恳。何月娟曾借调到航校,负责第三批女飞行员的培训工作,为我国女飞行员队伍建设做过贡献。到目前为止,共和国女飞行员的顶尖人物岳喜翠,是我国第一位女飞将军,特级飞行员,在蓝天驰骋了36年,安全飞行6000多小时。历任飞行中队长、副大队长、师政治部副主任、副师长、广州军区空军副参谋长等职。荣立过一等功和二等功各一次,三等功六次。先后被评为"空军优秀飞行员"、全国"三八红旗手""全军优秀基层干部""中国十大女杰"。获得过"功勋飞行员金质奖章"。当选过中共十四大、十五大、十六大代表,是中共十五届和十六届的中央候补委员。现虽已退休,仍是

☆何月娟与李斐然的结婚照

全国第十一届政协委员。岳喜翠的入党介绍人,就是何月娟大姐。2010年11月,我电话采访岳喜翠将军时,她仍怀着十分感激的心情特意提到这件事,足见她对何大姐的情感有多么深厚。

何月娟的爱人李斐然,四川长寿县人,1950年1月入伍,同年11月进二航校学飞行,1952年1月毕业,后分到北京专机部队,与何月娟一个大队,两人逐渐产生了感情,于1958年结婚。李斐然历任飞行员、飞行中队长、参谋、副大队长。他在训练科当参谋时,与我一个科,对我帮助很大。他于1968年3月停飞,现已过世。

何月娟1976年11月因耳聋停飞。停飞后调到团里任副参谋长,3年后免职离休。晚年因耳病严重与外界联系很少,在四川成都一军休所安度晚年。

我写此书时,曾给何月娟大姐写过两封信,想请她介绍她离开北京后的情况,不知何故,两封信均被退回。所以无法介绍她的详情,甚感遗憾。

万婉玲

我与万婉玲大姐在一个飞行大队工作过,她停飞后我俩也直接打过交道。我在师训练科当参谋时,她是团作训股参谋,办事干脆利落,工作效率高。她积极支持我的工作,我们曾有过很默契的工作关系。她性格开朗,

☆万婉玲与张振民的结婚照

好运动,特别喜欢打乒乓球。1957年经组织出面牵线,与领航干部张振民恋爱结婚,婚后生有一子,起名张子坚。

张振民是第一批女飞行员丈夫中年龄最大的。1925年12月他出生于江苏徐州市,比万婉玲大6岁。张振民领航技术出众,毛泽东第一次乘坐中国空军飞行员驾驶的飞机时,张振民是专机组的领航员。以后他多次执行过毛泽东、朱德、刘少奇、周恩来等中央首长和外国元首的重要专机任务。历任飞行大队领航长、领航主任、师领航科科长。1973年停飞,现已病故。

万婉玲于1963年停飞,1975年转业到长沙湖南化工机械厂工作。1982年退休,2006年病逝。生病住院期间,空军和老部队曾派人前往医院探视,并送去了慰问品和慰问金。第一批部分蓝天姐妹也专程去长沙看

望她。

周真明

我将周真明大姐放在本书的最后一位来写，是因为第一批 14 名老大姐中，第一个给我留下深刻印象的就是周真明大姐。那是 1956 年 9 月，我们第二批女飞行员到徐州预校不久，有一天我们全体女学员列队站在礼堂门口，等待着欢迎我们心中的偶像，第一批女飞行员的两位大姐，想看看自己的未来到底是啥样子。下午 1 点多，她俩在校首长和中队领导的陪同下朝我们走来，她俩上身穿着咖啡色的单皮夹克，下身穿着深蓝色军裤，脚穿黑色高腰皮鞋，走在人群之中，宛如两颗光芒四射的明星，令人目眩。我想，女飞行员竟是这般英姿飒爽，气度昂然，太神了。她们的今天就是我们的明天，我一定要经受住预校的各种考验，顶住考验就是胜利，我就能像她们这样，成为蓝天女英豪。

女飞行员有女飞行员特有的风采。她俩坐在主席台上微笑着打量我们这些年轻的妹妹们。当校首长向我们做介绍时，我才知道她俩一位叫周真明，另一位叫邱以群，都是飞行员、机长。周真明大姐讲话了，她从容地站起身来，面对我们这些准航空员，没拿稿子即席而谈，她用比较标准的普通话说："空军首长非常关心大家，让我俩代表第一批女飞行员，来看望你们这些小妹妹。"掌声响彻礼堂，男学员也拼命鼓掌助兴。顿时我的眼里涌出了泪花。我坐在前排，能看清她的脸庞。她太漂亮了，圆圆的脸蛋，白皙细嫩的皮肤，明净有神的大眼，时隐时现的笑靥，乌黑光亮的秀发，给人一种英武之美。过去我对第一批女飞行员的仰慕十分抽象,这次在我心中有了具体鲜活的形象。"小妹妹们,我们希望你们好好学习,刻苦锻炼,争取早日和我们比翼齐飞,我们在蓝天、在首都等着你们。"她的讲话不长,但精彩动听,句句都深深地铭刻在我的心里。

翌日上午,周真明与邱以群两位大姐,请我们坐她俩驾驶的飞机,让我们体验飞行的滋味。当我们来到机场时,看到一条又宽又长的亮晶晶的水泥跑道,一架架战斗机整齐地排列在停机坪上。在停机坪的一头停着一架大飞机,经大姐介绍这就是她俩驾驶的里-2型客机。不久,我们坐上了周、邱二位大姐驾驶的飞机。那是我第一次坐飞机,激动的心情无以言表,飞机起飞后,我们将面庞紧紧地贴在舷窗上,争相鸟瞰机下的景物。那天,老天爷仿佛有意与我们这批首航的姑娘为难,气流非常坏,飞机升空后,有很长一段时间是在紊乱的云团中飞行,飞机摇晃颠簸得很厉害。开始时,我们还叽叽喳喳有说有笑,对着地标地物指指画画。有的还高兴地唱着《咔秋莎》。

☆周真明(右)与万婉玲(左)在机场

谁知坐飞机并不浪漫,更不是一种享受,没多久就觉得头晕起来,天地急速地旋转着,紧接着胃里的混合物直往嗓子眼儿里冒。我开始还咬牙坚持着,当多数人对着清洁袋呕吐时,便再也顶不住了,也翻肠倒肚地吐开了。

客舱里充满了酸臭味,一向爱美爱干净的姑娘,这时也顾不得自己的仪容了,眼里流出的泪水与胃里冒出的酸水混在一起,弄得满脸都是。那"惨

☆少先队员给邱以群(右二)献红领巾

状"既狼狈又可笑。当时我想,我们这些呕吐了的姐妹,平衡器官肯定有问题,恐怕不适合飞行,有被淘汰的危险。刚坐飞机时的那股高兴劲荡然无存,一颗忐忑不安的心也如飞机一般,被云团笼罩着。心情越不好就越想吐,越吐我的心情就越不好,我首次乘坐飞机就进入了这种恶性循环之中。当时,真想打开飞机舱门往下跳。飞机终于落地了,我们一个个蔫头耷脑地下了飞机,周真明与邱以群两位大姐从驾驶舱神采奕奕地走了出来,与我们的狼狈相形成了鲜明的对照。一看她俩,我的心更凉了,再次萌发了我不是当飞行员的料的自卑感。周真明大姐见我们一个个都哭丧着脸,便笑着安慰我们:"你们第一次坐飞机就遇上这种鬼天气,加上你们昨晚可能没睡好觉,所以不适应。不要怕,我们刚飞行时,遇到这种恶劣天气也会吐,阮荷珍比你们吐得还厉害,后来逐渐适应了,就不吐了。"

"真的?"我脱口而出。

周大姐笑着点了点头,并走到我身边,拉着我的手说:"蛮漂亮的,叫什么名字?"

"苗晓红!"

"我希望在航校毕业生名单上有你苗晓红的名字。好好学习,刻苦锻炼,相信自己,你一定能飞出来!"

"相信自己!相信自己!"在返回预校的路上,我一直默念着周真明大姐的这句话,这句话影响了我一辈子。

我清楚地记得,到西郊机场的第二天,何月娟大姐带我们到机场,详细地给我们介绍机场的各种设施和规章制度,领我们参观大队的飞机,还特别向我们介绍了毛主席多次乘坐过的专机。在停机坪上,我看到了周真明和邱以群两位大姐驾驶的、让我们首航的那架飞机。我们走进机舱,回忆起那次难忘的处女航,见物思人,见到了飞机,便想到了周真明和邱以群两位大姐。我便向何月娟大姐打听她们的下落。"何机长,周真明、邱以群两位大姐在哪个大队,怎么吃饭时没见到她俩?"

"邱以群和她爱人一起调到十六航校去了。周真明嘛……"她的话停住了,脸色也有点变,用气象术语表述就是晴转阴。"她停飞转业了。"

☆自右至左,秦桂芳、周映芝、施丽霞、邱以群、阮荷珍到机场看望作者

七、结束篇 JIESHUPIAN

何月娟大姐以异常沉重的口吻回答道。

"啊?!"我很惊诧,她那么精明强干、开朗达观,也很年轻,怎么就停飞转业了?

"整风反右时,她说了一些不合时宜的话,因此被停飞,很可惜。"

不知为什么,周真明大姐的遭遇像一片乌云罩在我的心头,久久挥之不去。后来我得知,1952年"三八"妇女节的起飞典礼,本来定的是她代表女飞行员在大会上发言,因为她各方面表现不错,形象健美,口齿清晰,语音标准。但她推掉了,理由很简单,她认为她不是受阅飞行的机长,没有资格代表大家发言。她是一位自尊心极强和不爱抛头露面的姑娘。她热爱飞行事业,到部队后很快就能独立执行飞行任务。1952年代表空军参加了全国体育总会成立大会,1956年代表女飞行员出席了世界妇女联合会理事会会议。她的停飞转业是航空事业的一大损失。

☆作者(左)在给第一批老大姐介绍三叉戟飞机

周真明 1958 年转业到中国科技大学,后调入中国科学院,与一高级知识分子范新弼结婚,生有两个儿子。她于 1984 年 2 月病故。

写书之前,我很想见到她的后人,向他们表示我对周大姐的感激之情、怀恋之情,以告慰大姐的在天之灵。可惜我千方百计通过各种渠道都没能联系上。这是我一生中最大的遗憾,也是本书的遗憾。

新中国第一批女飞行员虽然告别了蓝天,但她们的闪光航迹,将永远留在万里长空。我深信年轻的女飞行员们,在老大姐光辉事迹的鼓舞下,在她们崇高精神的激励下,一定会飞得更高、更快、更远!

附录一

新中国第一批女领航员、女通信员、女机械员名单

6名女领航员,她们是:

刘树芬　林淑玉　沈　靓　陈天恩　梁惠敏　魏　砾

5名通信员,她们是:

王竞梅　李宗珣　高步云　路惠芳　潘安保

30名机械员,她们是:

王运才　王树芳　王淑玢　区　颖　孙清姿　李　坚

朱敏华　刘静华　余文熙　陆心安　孟云云　邹　明

杨培英　陆美英　陆雯韵　陈美珍　杜琴芳　严焕伦

芦蕊芳　周兰珍　郑海澄　张云文　张蔚君　徐广娟

袁汉卿　翁培芳　奚成鹿　钱肇琰　徐嘉铭　寒　泛

附录二

留住难忘天骄岁月

——读《共和国首批女飞行员》

孙志远

算起来,新中国女飞行员从诞生到现在,已经整整60年。60年前,一群风华正茂的女兵,走进空军第七航校,从此拉开了新中国女性翱翔蓝天的序幕。她们在艰难中起飞,在风雨中成长,为新中国女性开辟了一条通天大道。她们在蓝天写下青春与理想,也留下绚丽多彩的航迹。

60年来,关于她们,虽然偶有文字见诸报刊,但零零散散,难窥全貌;不要说一般读者,即使是后来的女飞行员们,对前辈也知之甚少。岁月无情,当年的天之骄女,有的以身殉职,有的因病辞世,仍然健在的,也都已是八旬老人了。昔日美丽动人的故事,正随风而逝。因此,《共和国首批女飞行员》一书的出版,可谓正逢其时,为我们挽留住了那段难忘的岁月。

作者苗晓红是新中国第二批女飞行员,曾是专机部队赫赫有名的全天候女机长。她翱翔蓝天大半生,退休之后,手中的操纵杆换成了笔杆,以真挚的情感、朴素的文字,重现了首批女飞行员们的风采。

当年,走进牡丹江航校的女兵共有55人,其中14人学习飞行。书中主要记述的就是这14人。作者与书中人物,曾朝夕相处,她们是她的领导、教员、战友,更是亲密无间的姐妹。由于这种特殊关系,此书的写作,既不是纪实作品所惯用的全景式描写,也不是传记式的线性记述,而是以战友、姐妹的身份,记录了作者眼中的14位蓝天女杰。所记之事,多为亲历、亲见、亲闻,读起来十分亲切,因此也就使得本书更具史料价值。

起飞是艰难的。这不仅来自条件的艰苦,设备的简陋,也来自外部的偏见,内心的软弱。但是,首批女飞行员们凭着理想与意志,只用7个月就完成一般需要两至三年才能完成的学习。当她们驾驶银燕,在1952年的"三八"妇女节那天,从天安门上空飞过,接受中央领导和首都人民检阅的时候,距她们学习飞行的日子,还不到一年!这不能不说是个奇迹。

这只是序幕。在专机部队,无论是飞行训练,抢险救灾,还是执行任务,她们都用精彩的飞行,向世人宣告:男人能做到的事,女人一样做得到。她们也用精彩的飞行,向世人证明:要战胜困难,首先要战胜自己。

以往介绍女飞行员的文章,大都侧重英雄事迹,很少提及感情生活,此书很好地弥补了这一缺憾。入校之初,空军刘亚楼司令员曾当众宣布:5年之间不许恋爱。为了飞行事业,她们都严格地执行了这条禁令。5年后,禁令解除。她们有的以诗为媒,互吐真情;有的因吵架而相识,进而相知,终结良缘,颇有戏剧性;有的结婚后,虽然同在一个飞行部队,却因部队纪律,每周只能团聚一次,为表达相思之情,夫妻平日各写"两地书",团聚时互相交换,其浪漫程度绝非今日80后、90后所能想象。这样的书写,使得女飞行员们从九天云外,重新回到草绿花香的大地上,回到普通人的行列中,还了她们情感丰富、柔媚可爱的真实面目。

书中也写了她们的坎坷命运。20世纪的五六十年代,政治运动不断,

14名首批女飞行员中有近10人因政审，先后被迫停飞，并被调离专机部队，或转业地方。那个时候，她们大都三十出头，正是飞行的黄金时期；有的才二十几岁，羽翼将丰，便被政治风暴无情折断。若干年后，当所谓的问题已不是问题，并获平反时，她们的青春早已不再，再也无法飞上她们魂牵梦绕的蓝天。读着这些，实在令人痛惜！

翅膀虽被折断，精神依然不倒。停飞后的女飞行员们，无论是改行地面工作，还是转业地方，依然自强不息，在各自的岗位上，照样干得有声有色。如果说，首批女飞行员们有什么共同特质的话，我想那就是：永不服输！

在国庆60周年阅兵仪式上，空军首批战斗机女飞行员们，从天安门上空编队飞过，英姿大展，引来世界的瞩目和国人的赞叹。那一时刻，一定会有人想起新中国首批女飞行员。因为，是她们用青春与理想，欢笑与泪水，乃至年轻的生命，为后来者开辟出了这条通天大道。人们是不会忘记她们的！

（原文载于《人民日报》2011年11月29日）

孙志远：中国作协会员，编剧，导演。影视作品有《回回司令》《马本斋》《缉私先锋》等，著有《感谢苦难：彦涵传》《凡人往事》等。

后　记

　　本书在写作和出版过程中，很多好朋友提出了宝贵的意见，使本书质量提升了一个台阶。

　　人民日报出版社出版反映女飞行员战斗生活的纪实作品，是对女飞行员的最大支持和表彰，也是对新中国第一批女飞行员资料的珍惜与抢救。我始终认为，在中国女飞行员的历史资料中，第一批女飞行员的资料最宝贵，最有价值。人民日报出版社出版该书，是做了一件很有意义的大事，在此，我受健在的8位第一批女飞行员老大姐的委托，并以一名女飞行员的身份，用最庄重的军礼，向他们表示最真诚的感谢！

　　笔者不是专业作家，写作技巧有限，很难满足不同群体读者的口味，敬请见谅。本书图片系当事人提供，文章内容也经过空中有关部门和当事人审阅。图文未经当事人和作者同意请勿转载。